Hans Karl Wytrzens, Elisabeth Schauppenlehner-Kloyber,
Monika Sieghardt, Georg Gratzer

Wissenschaftliches Arbeiten

Hans Karl Wytrzens, Elisabeth Schauppenlehner-Kloyber,
Monika Sieghardt, Georg Gratzer

Wissenschaftliches Arbeiten

Eine Einführung

Unter Mitarbeit von
Rainer Silber, Veronika Asamer und Iris Kempter

5., überarbeitete Auflage

facultas

Univ.-Prof. DI Dr. Hans Karl Wytrzens,
Mag. Elisabeth Schauppenlehner-Kloyber,
Department für Wirtschafts- und Sozialwissenschaften, Institut für Nachhaltige Wirtschaftsentwicklung, Universität für Bodenkultur Wien
Ass.-Prof. Dr. Monika Sieghardt,
Univ.-Prof. DI Dr. Georg Gratzer,
Department für Wald- und Bodenwissenschaften, Institut für Waldökologie, Universität für Bodenkultur Wien

Bibliografische Information der Deutschen Nationalbibliothek

Die Deutsche Nationalbibliothek verzeichnet diese Publikation in der Deutschen Nationalbibliografie; detaillierte bibliografische Daten sind im Internet über http://d-nb.de abrufbar.

5. Auflage 2017

facultas Universitätsverlag, Wien, Austria

Druck: Finidr, Tschechien
ISBN 978-3-7089-1500-5

Inhaltsverzeichnis

Zum Einstieg

> ***„In der Wissenschaft gleichen wir alle nur den Kindern, die am Rande des Wissens hier und da einen Kiesel aufheben, während sich der weite Ozean des Unbekannten vor unseren Augen erstreckt."***
> ***Isaac Newton (1643 – 1727)***

Wer den Einstieg in die Welt der Wissenschaft wagt, der gewinnt neue Erkenntnisse, der gerät vielfach aber auch in ein Wechselbad der Gefühle: Die Faszination des Unbekannten, die pure Lust am Denken, Begeisterung und Neugier, die Euphorie für spannende Experimente, der Entdeckerstolz, die Freude an intellektuellen Herausforderungen mischen sich mit Unsicherheit, nagenden (Selbst)Zweifeln, Verwirrung, Versagensängsten oder der Furcht davor, sich lächerlich zu machen. Wohl jeder, der studiert, der forscht, lehrt und publiziert, kennt diese Emotionen und erlebt Höhen wie Tiefen.

Damit das Abenteuer Wissenschaft Spaß macht, damit das Wagnis, sich wissenschaftlich zu betätigen die eigene Persönlichkeit intellektuell bereichert, damit die ersten eigenen wissenschaftlichen Erfahrungen nicht gleich traumatisieren, sollte man sich vorweg ein solides Rüstzeug für das wissenschaftliche Arbeiten verschaffen. Denn Wissenschaft ähnelt in gewisser Weise dem Bergsteigen: Einzelne Ausnahmeerscheinungen mögen zwar bloßfüßig einen Gipfelsturm schaffen. In der Regel aber riskiert jemand mit großer Wahrscheinlichkeit ärgere Blessuren oder gänzliches Scheitern, wenn er ohne passende Ausrüstung in höhere Sphären aufbricht. Was dem Alpinisten festes Schuhwerk, Landkarte, Routenwahl, Rucksack, Reepschnur, Sicherungshaken, Steigeisen, Schutzhelm und Pickel, das sind für WissenschafterInnen ethische Prinzipien, epistemologische (=wissenschaftstheoretische) Grundpositionen, solide Methodenkompetenz, bewusste Themenwahl, Strukturierungsfähigkeit, Recherche- und Präsentationstechniken, Zitierrichtlinien sowie sachlicher Schreibstil.

Wer sich wappnen und wer Wissenschaft kennen lernen sowie vor allem deren handwerkliche Komponenten erlernen möchte, gehört zur Zielgruppe dieses Buches: StudienanfängerInnen, die erste Orientierung suchen ebenso wie Fortgeschrittene, die eigenständige wissenschaftliche Arbeiten durchführen und verfassen wollen. Da der Band als disziplinunabhängige Arbeitshilfe konzipiert ist, spricht er angehende JungwissenschafterInnen aller Fachrichtungen an. Ihnen möchten die Ausführungen

- Freude an der Wissenschaft vermitteln,
- Mut zum eigenständigen Denken machen,
- Spielregeln des Wissenschaftsbetriebes nahe bringen,
- Einsichten in die Hintergründe wissenschaftlicher Gepflogenheiten verschaffen,
- Anstoß zur selbstständigen Reflexion geben sowie
- die Augen für den kritischen Blick öffnen und schärfen.

Das Erlernen der Spielregeln des Wissenschaftsbetriebes, von formalen Gestaltungsrichtlinien für Seminar-, Bachelor-, Diplom- bzw. Doktorarbeiten oder der Erwerb von erkenntnistheoretischem Grundlagenwissen mag manchem lästig erscheinen. Wer rasch zu geistigen Höhenflügen starten will, fühlt sich vielleicht sogar unnötig in seinen fachlichen Ambitionen gebremst, wenn zuerst eher trockene Materien wie das Beschaffen von Materialien, das exakte Nachweisen von Quellen, der Aufbau von Tabellen und Abbildungen oder Techniken zur Gliederung eines umfangreichen Stoffes zu pauken sind. Derartiges handwerklich-technisches, relativ universelles, von einer bestimmten Fachrichtung unabhängiges Basiswissen gibt jedoch erfahrungsgemäß Halt und Stütze, es schafft Voraussetzungen für Professionalität und damit für eine Anerkennung der eigenen Arbeit innerhalb der scientific community.

Das Aneignen jener Regeln und Usancen, die beim wissenschaftlichen Arbeiten zu beachten sind, sollte leichter fallen, wenn sich deren tieferer Sinn erschließt. Die Gepflogenheiten des Wissenschaftsbetriebes besitzen nämlich gute Gründe. Sie sind weder reiner Selbstzweck, noch ein von Kleingeistern gehütetes Zwangskorsett, welches innovative oder unorthodoxe Denkansätze unterdrücken soll. Die vorliegende Einführung legt deshalb besonderes Augenmerk darauf, die erkenntnistheoretische Fundierung von Vorschriften und Gebräuchen einsichtig zu machen. Deswegen stehen Ausführungen über das Wesen der Wissenschaft gemeinsam mit erkenntnistheoretischen Grundlegungen am Anfang. Ihnen folgen eine geraffte Darstellung der Mechanismen des Forschungsbetriebes sowie einige Bemerkungen zum ethischen Rahmen, den WissenschafterInnen zu beachten haben.

Die weiteren Erläuterungen orientieren sich dann am üblichen Ablauf wissenschaftlicher Arbeit. Von der anfänglichen Inspiration bzw. vom Entwickeln erster Ideen bis zur Präsentation der Endresultate oder zur abschließenden Publikation reichen die verschiedenen Phasen, denen jeweils spezielle Ausführungen gelten. Das heißt, für die unterschiedlichen Stadien wissenschaftlicher Arbeit sind jeweils eigene Kapitel vorgesehen. Jedes Kapitel stellt Wege und Strategien vor, mit deren Hilfe sich üblicherweise anfallende Herausforderungen meistern lassen. Zusätzliche praktische Tipps und Tricks sollen helfen, so manche tückische Klippe zu umschiffen. Beispiele sowie Übungsaufgaben samt Musterlösungen dienen dazu, die von den Ausführungen vermittelten Inhalte anzuwenden respektive durch Wiederholung zu festigen. Vorangestellt sind jedem Kapitel Leitfragen und Lernziele, was die Orientierung erleichtern sowie einen Überblick darüber verschaffen soll, wo die inhaltlichen Schwerpunkte liegen und worauf beim Durcharbeiten besonders zu achten wäre. Auf diese Weise seien die LeserInnen Schritt für Schritt auf dem Weg zu erfolgreicher wissenschaftlicher Arbeit begleitet.

Das Buch führt als Leitfaden in das wissenschaftliche Arbeiten ein. Es bietet sich außerdem später als Stütze an, wenn man an irgendeinem Punkt seiner wissenschaftlichen Bemühungen nicht weiter weiß oder wenn man sich irgendwo in den Fallstricken der

Wissenschaft verfangen hat. Zudem mag es in Zweifelsfällen zur Klärung und als Nachschlagewerk dienen. Was das Buch nicht kann, ist die Eigeninitiative und das eigene Engagement in der Wissenschaft zu ersetzen. Beides braucht es freilich: Denn ähnlich wie im Sport oder beim Kartenspiel Meisterschaft nur durch intensives Training zu erreichen ist, so werden auch beim wissenschaftlichen Arbeiten die Spielregeln erst durch konsequentes Einüben so weit verinnerlicht, dass sich Professionalität einstellt. Deswegen sei dazu animiert, neben dem Erwerb des theoretischen Fundaments möglichst viele Gelegenheiten wahrzunehmen, um praktische Erfahrungen zu sammeln und um die verschiedenen wissenschaftlichen Arbeitstechniken auszuprobieren, wozu die AutorInnen viel Begeisterung, Vergnügen und Erfolg wünschen.

„Man kann einen Menschen nichts lehren, man kann ihm nur helfen, es in sich selbst zu entdecken.“
Galileo Galilei (1564-1642)

1. Charakteristika und Aufgaben der Wissenschaft

„Zweifel ist der Weisheit Anfang."
René Descartes (1596-1650)

Das Kapitel über *Charakteristika und Aufgaben der Wissenschaft* beantwortet folgende Leitfragen:

? Was ist Wissenschaft und in welchen Formen tritt sie in Erscheinung?

? Welche Maßstäbe werden an wissenschaftliche Arbeiten angelegt?

? Welche wissenschaftstheoretischen Grundpositionen lassen sich unterscheiden?

? Was gehört zu den grundlegenden Elementen der Wissenschaft?

? Welchen Sinn besitzt und welche Zwecke verfolgt wissenschaftliche Arbeit?

? Wie lassen sich die zahlreichen wissenschaftlichen Aktivitäten systematisieren?

Die Ausführungen zu den *Charakteristika und Aufgaben der Wissenschaft* verfolgen nachstehende Lernziele:

- über die wichtigsten Merkmale und Eigenheiten der Wissenschaft Bescheid wissen
- wissenschaftliche von anderen, ähnlichen (etwa künstlerischen oder journalistischen) Arbeitsformen treffsicher unterscheiden
- Phänomene und Fachgebiete im System der Wissenschaften richtig ein- bzw. zuordnen
- Mängel bei fehlerhaften Definitionen erkennen
- im Stande sein, Begriffe eigenständig exakt zu definieren
- elementare Regeln für Urteile und Schlussfolgerungen praktisch anwenden
- das Wesen von Hypothesen und Theorien verstehen
- befähigt sein, Aussagen exakt zu kategorisieren
- hinter Theorien und Aussagen stehende erkenntnistheoretische Grundpositionen und Paradigmen benennen können

1.1. Zum Wesen der Wissenschaft

Eine simple Antwort auf die Frage „Was ist Wissenschaft?" ist höchstens in tautologischer Manier möglich, wenn man sagt: Wissenschaft ist jede Tätigkeit, die neues Wissen schafft. Schon etwas kniffliger wird die Sache, wenn man Wissenschaft als eine auf Erkenntnisgewinn und systematische Reflexion gerichtete Einrichtung begreift.

Dann liegt die Deutung nahe: „Wissenschaft ist eine soziale Institution mit der Funktion, intersubjektiv [...] überprüfbare Aussagen über zu untersuchende Tatbestände zu formulieren" (Werlen 2002, 47). Noch komplexer lässt sich von einer prozesshaften Sichtweise ausgehend definieren: „Wissenschaft ist jede intersubjektiv überprüfbare Untersuchung von Tatbeständen und die auf ihr beruhende systematische Beschreibung und – wenn möglich – Erklärung der untersuchten Tatbestände" (Körner 1980, 727). Auf eine anschauliche Kurzformel gebracht: „Wissenschaft soll klären und erklären" (Plank und Ziche 1979, 11).

Wissen umfasst überprüfte und überprüfbare Aussagen. Als Konstrukt unterscheidet es sich von Intuition und Glauben dadurch, dass es begründete und nicht bloß behauptete Feststellungen subsumiert. Wissenschaft hebt sich von bloßem Wissen dadurch ab, dass sie „ein systematisch geordnetes Gefüge von Sätzen" (Raffée 1974, 13) darstellt. Wissenschaft fungiert als Oberbegriff für Forschung und Lehre, wobei Forschung zu begreifen ist als „die geistige Tätigkeit mit dem Ziele, in methodischer, systematischer und nachprüfbarer Weise Erkenntnisse zu gewinnen" (Kornmeier 2007, 9) und Lehre die fundierte Vermittlung der durch Forschung gewonnenen Erkenntnisse meint.

Unter wissenschaftliches Arbeiten fällt gemäß dem deutschen Bundesverfassungsgericht „alles, was nach Inhalt und Form als ernsthafter planmäßiger Versuch zur Ermittlung der Wahrheit anzusehen ist" (BVerfGE 35, 79: Hochschulurteil des Bundesverfassungsgerichts; zitiert nach Kornmeier 2007, 9). Wissenschaftliches Arbeiten gilt also als Sammelbegriff für alle Tätigkeiten, mit denen „grundsätzliche Fragen oder konkrete Vorgänge methodisch in ihren Ursachen erforscht, begründet und in ihren Sinnzusammenhang gebracht werden" (Kornmeier 2007, 9).

Das mehrschichtige Wesen der Wissenschaft findet in drei gebräuchlichen Sichtweisen seinen Ausdruck (vgl. Abbildung 1). Zur Wissenschaft zählen nämlich sowohl

- der „systematisch-methodische Prozess der Erkenntnisgewinnung" (Wissenschaft als Tätigkeit) und
- der Erkenntnis(be)stand (Wissenschaft als Ergebnis dieser Tätigkeit) als auch
- jenes System aus Menschen, Hochschulen, Forschungseinrichtungen etc., das den Prozess der Erkenntnisgewinnung und die Wahrung des Erkenntnisstandes erbringt (Wissenschaft als Institution) (Hülshoff und Kaldewey 1993, 69 zit. nach Burchert und Sohr 2005, 15f).

Unter Wissenschaft als Ergebnis einschlägiger Tätigkeit ist jener Erkenntnis(be)stand aus Forschung, Lehre und Literatur zu verstehen, der „sich vom Alltagswissen, Meinen und Fürwahrhalten abhebt" (Hülshoff und Kaldewey 1993, 69). Der Unterschied zum

Alltagswissen ergibt sich aus Systematik und Methodik, welche als grundlegende Kriterien der Wissenschaft gelten. „Die Wissenschaft sammelt Tatsachen und organisiert sie zu Systemen. Dabei folgt sie anerkannten methodischen Regeln. Die Einhaltung oder Nichteinhaltung dieser Regeln unterscheidet die wissenschaftliche Aussage von der unwissenschaftlichen“ (Theimer 1985, 9).

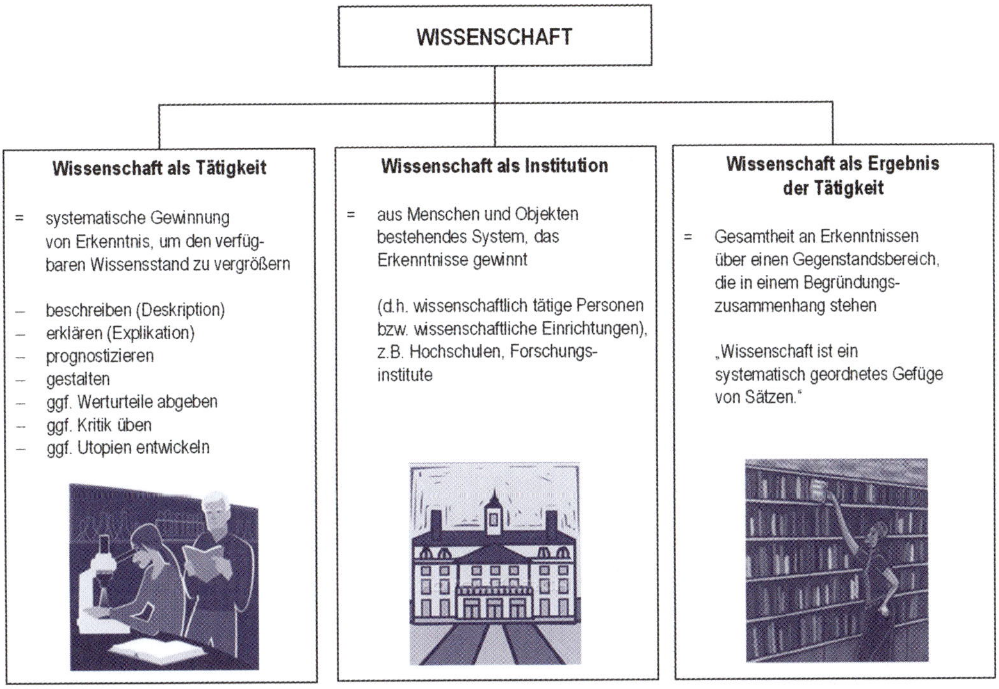

Abbildung 1: Bedeutungen von Wissenschaft *(nach Kornmeier 2007, 5; modifiziert)*

Die Wissenschaft stellt eine von mehreren Arten dar, mit denen sich Menschen um „Wahres“ bemühen. KünstlerInnen pflegen beispielsweise einen emotional-ästhetischen Zugang. Man spricht von DichterInnen, wenn sie mit verbalen Mitteln („wahren Worten“), von MusikerInnen und SchauspielerInnen, wenn sie mit akustischen („wahren Klängen“) sowie von MalerInnen, BildhauerInnen und ArchitektInnen, wenn sie mit visuellen Mitteln Wahres zu schaffen trachten. WissenschafterInnen bedienen sich dagegen ähnlich wie JournalistInnen oder KriminalistInnen einer rationalen, hinterfragenden und faktenorientierten Annäherung. Während Journalismus und Kriminalistik spezielle einzelfallbezogene Wahrheitsfindung betreiben, richtet die Wissenschaft ihr Augenmerk auf unvoreingenommene, allgemeingültige Aussagen mit generellem Wahrheitsgehalt (vgl. Abbildung 2).

Die theoretisch sehr einfache Trennung zwischen wissenschaftlicher und unwissenschaftlicher Aussage ist in der Praxis oft nur schwer möglich, denn in der Realität muss man „den faktisch bestehenden Methodenpluralismus zur Kenntnis nehmen“ (Seiffert

1983, 95). Die Existenz besagter methodischer Vielfalt verwundert im Übrigen nicht allzu sehr, da es das wissenschaftliche Denken kennzeichnet, „dass es zwar methodisch geregeltes, doch gleichwohl objektbezogenes oder gegenständliches Denken ist" (Ströker 1987, 5); weil aber wissenschaftliche Erkenntnisobjekte sonder Zahl existieren, sind auch die Anforderungen des wissenschaftlichen Denk- und Erkenntnisprozesses schwerlich insgesamt methodisch zu unifizieren.

Abbildung 2: Unterschiedliche Zugänge im Bemühen um „Wahres"

Sucht man dennoch die Anforderungen an „die wissenschaftliche Methode" zu ergründen, so kann es nur eine sehr allgemeine, pragmatische Antwort geben, wonach „wissenschaftliche Aussage alles ist, was von urteilsfähigen Personen als solche tatsächlich angesehen wird – völlig unabhängig davon, durch welche Methode sie gewonnen wurde" (Seiffert 1983, 93). Sollen die Vorstellungen vom Wissenschaftsbegriff konkretisiert werden, muss man sich daher die Frage stellen, wann „urteilsfähige Personen" einer Aussage üblicherweise „Wissenschaftlichkeit" attestieren. Im Allgemeinen wird man einer Feststellung dann Wissenschaftlichkeit zubilligen, wenn sie erkennen lässt, dass bei ihrer Ableitung bestimmte Maximen beachtet und beherzigt werden.

Für das wissenschaftliche Vorgehen lassen sich folgende generelle Kriterien und gemeinhin anerkannte Regeln formulieren:

- Die Wissenschaft muss sich auf ein ausreichendes Tatsachenmaterial gründen. Sie muss alle in Betracht kommenden Tatsachen beachten und darf keine einseitige Auswahl vornehmen. Ihr erstes Gebot ist Sachlichkeit und Objektivität,

Freiheit von Emotionen und Vorurteilen. Jede wissenschaftliche Aussage muss an beobachtbaren Tatsachen nachprüfbar sein. Unbewiesene oder unbeweisbare Behauptungen dürfen nicht als Tatsachen ausgegeben werden.

- Wo die Wissenschaft ihr innovatives Potential ausschöpfen will, darf sie sich weder von starren organisatorischen Rastern noch von anderen Zwängen disziplinieren lassen, weswegen sie Selbstdisziplin benötigt. Wo die Wissenschaft Neuland betritt, endet prinzipiell ihre Beherrschbarkeit, denn wo der Forschergeist ins Unbekannte aufbricht, können ihm gar nicht im Vorhinein von außen Grenzen gezogen werden. Die Schranken müssen vielmehr von innen kommen, denn jede/r WissenschafterIn hat selbst zu entscheiden, wie weit er/sie mit seiner Forschung geht. Diese Feststellung taugt nicht als Freibrief für Zügellosigkeit oder als Plädoyer für Allround-Dilettantismus. Recht verstanden beinhaltet sie vor allem einen Appell an das Verantwortungsbewusstsein: Jeder, der sich wissenschaftlich betätigt, soll sich selbst bescheiden, stets gewissenhaft die eigene Kompetenz prüfen und aus sich heraus ethisch-moralische Orientierungspunkte beachten (Wytrzens 2007, 15).
- Es ist zwischen Daten und Datenverarbeitung zu unterscheiden, das heißt zwischen den Tatsachen und ihrer Deutung oder Erklärung. Erst durch die Deutung wird aus einer Datensammlung eine Wissenschaft. Die Datenverarbeitung führt zur Bildung von Theorien und Systemen.
- Es ist scharf zu trennen zwischen Wissenschaft und Spekulation und zwischen Wissenschaft und ideologischem Glauben. Spekulation hält sich nicht an die methodischen Regeln der Wissenschaft und prüft ihre Gedanken nicht bei jedem Schritt an den Tatsachen. Ideologie wiederum deutet die Tatsachen von vornherein im Sinne ihrer Glaubenssätze, vermengt Daten und Datenverarbeitung, wählt bestimmte Tatsachen aus und lässt andere unbeachtet.
- Die Wissenschaft ruht auf der Logik. Ihre Aussagen müssen logisch miteinander verbunden sein und dürfen einander nicht widersprechen. Sie müssen dem Prinzip der Eindeutigkeit genügen. Die Wissenschaft muss den Zirkelschluss vermeiden, der das zu Beweisende stillschweigend zur Voraussetzung der Beweisführung macht. Ihre Schlüsse und Berechnungen müssen richtig sein.
- Die Wissenschaft darf nicht dogmatisch sein. Sie muss stets bereit sein, ihre Ansichten zu revidieren. Auf sachliche Kritik muss sachlich geantwortet werden. Die freie Diskussion ist für die Wissenschaft unerlässlich und die Grundlage ihres Fortschrittes. Auch eine herrschende Lehrmeinung muss sich jederzeit der Kritik stellen (Theimer 1985, 9f).

Die Einhaltung der genannten Gebote sehen zwar die meisten Disziplinen und FachvertreterInnen als erstrebenswert an, dennoch ist eine Relativierung angebracht: Denn es gibt zur Prüfung der Wissenschaftlichkeit neben der Feststellung, ob eine Aussage wahr oder falsch ist, keine objektiven, absoluten und quantitativen Kriterien für die Qualität einer wissenschaftlichen Arbeit. Vielmehr wird eine Arbeit danach beurteilt werden, wie sie bei den LeserInnen bzw. HörerInnen „angekommen" ist. Es kommt daher auch beim wissenschaftlichen Arbeiten darauf an, dass man sich über die Zielgruppe im Klaren ist. Dementsprechend sollten sich auch die Darstellungen bezüglich vorausgesetzter Kenntnisse und Fähigkeiten an dem Wissensstand der Zielgruppe orientieren und es sollten weiters Informationsziele hinreichend detailliert aufgestellt werden; dadurch wird es auch möglich, das Wichtige hervorhebend zu betonen und das Unwichtige zu streichen. Schließlich sollte sich die wissenschaftliche Arbeit dadurch auszeichnen, dass sie den gesamten Stoff strukturiert. Der Erfolg der Arbeit wird daran gemessen, welcher Nutzen aus der Arbeit zu ziehen ist. Jede Arbeit, die nicht sowohl inhaltlich als auch formal ansprechend ist, riskiert, negativ beurteilt zu werden (Müller-Merbach 1976, 166ff). Die vorgenannten Einschränkungen legen nahe, sich einem Selbstverständnis der Wissenschaft anzuschließen, welches am „Prinzip der kritischen Prüfung" (Popper 1982, 7) orientiert ist, das Vorgehen der Wissenschaft in „Probieren, Irrtum und Weiterprobieren sieht und das daher keine Theorie als absolut sicher betrachtet" (Popper 1972, 56).

Im Folgenden werden die wichtigsten dieser Vorbedingungen noch einmal zusammengefasst:

Wissenschaft und ihre Aussagen müssen

- intersubjektiv nachvollziehbar und rational sein. Sie dürfen nicht auf bloßem Glauben beruhen oder allgemein gefühlsmäßig begründet werden;
- offen für Kritik, überprüfbar sowie undogmatisch sein. Mit anderen Worten: Sie dürfen sich Rückfragen nicht verschließen;
- auf Analysen basieren und verlässlich sein, d.h. sie dürfen nicht einfach intuitiv behauptet werden;
- auf den Stand der Forschung Bezug nehmen und sich nicht dem Wissenschaftsbetrieb verschließen. Sie dürfen nicht ohne Begründung die Arbeiten anderer WissenschafterInnen ausklammern und das Rad immer wieder neu erfinden wollen;
- logisch begründet, widerspruchsfrei und plausibel sein;
- Ideale anstreben, wie Vorurteilsfreiheit, Genauigkeit, Allgemeingültigkeit, Suche nach Wahrheit
- und sie sollten eine bestimmte Ordnungsstruktur basierend auf Definitionen, Gesetzmäßigkeiten, Modellen, Theorien aufweisen (Faulstich 2004, 185f).

Zu den aufgelisteten Kriterien von Wissenschaftlichkeit ist anzumerken, dass sie nicht absolut gelten und ihnen ein bestimmtes Wissenschaftsverständnis zugrunde liegt.

1.2. Wissenschaftstheoretische Grundpositionen

Hinter jedem Erkenntnisstreben steht eine bestimmte Vorstellung vom Funktionieren der Welt. Jede Wissenschaft entsteht innerhalb eines allgemeinen philosophischen Rahmens.

Hinsichtlich dieses **philosophisch-wissenschaftstheoretischen** Grundgerüsts lassen sich unter anderem folgende - hier in stark vereinfachter Form skizzierte - Grundpositionen ausmachen:

- Der (epistemologische/naive) **Realismus** geht von der Grundannahme aus, dass eine vom Menschen unabhängige Realität existiert, die sich durch Wahrnehmung bzw. Denken vollständig, zumindest aber in wesentlichen Teilen erkennen lässt, d.h. Menschen könnten Phänomene in der Realität so wahrnehmen „wie sie sind" (Haug 2004, 95).
- Der **Empirismus** betrachtet die Sinneserfahrung, also die sinnliche Wahrnehmung, wenn schon nicht als alleinige, so doch als Hauptquelle aller Erkenntnis. Eine Theorie fasst demnach in Experimenten, Beobachtungen oder Befragungen gewonnene Erfahrungen zusammen. Dem Empirismus zufolge lassen sich generelle Aussagen aus einer Reihe von einzelnen Beobachtungen gewinnen und begründen (vgl. Tesak 2010).
- Der (klassische) **Rationalismus** sieht Form und Inhalt der Erkenntnis auf Verstand und Vernunft und nicht primär auf sinnlicher Erfahrung gegründet (Ruß 2004, 25ff). „Nur mit Mitteln der vernunftgemäßen Einsicht ist es möglich, etwas zu erkennen und zu wissen" (Kern 1979, 12). „Die Vernunft gewinnt ... den Rang des unbezweifelbaren Denkvermögens, das sich aufgrund seiner Fähigkeit zu zweifeln als unumstößliches Fundament qualifiziert" (Preussner 2010). „Dieser Position zufolge geht jeder Beobachtung eine Theorie voraus. Aus Beobachtungen oder Experimenten gewonnene Erkenntnisse sind dieser Auffassung nach dem Umstand zu verdanken, dass schon im Vorfeld von Versuchen oder Observationen theoretische Überlegungen, Vermutungen oder Erwartungen vorhanden gewesen sein müssen. Der Rationalismus fußt also auf der Annahme, dass der Verstand die objektive Struktur der Wirklichkeit zu erkennen vermag (Wikipedia 2009a, s.p.).
- Der **kritische Rationalismus** basiert auf Überlegungen Sir Karl Poppers. Er geht davon aus, dass die menschliche Vernunft grundsätzlich fehlbar ist, weshalb auch rational begründete Erkenntnisse nicht unumstößlich sind (Chalmers 2001, 51ff) und dass sich Aussagen niemals sicher bestätigen (=verifizieren) lassen. Dennoch ist stets nach Wahrheit zu streben und, sobald sich eine Aussage als unzutreffend herausstellt (falsifiziert wird), zu korrigieren. Das heißt, dass Erkenntnisse auf theoretischem Denken fußen (darum „Rationalismus"), aber

stets vorläufigen Charakter besitzen. Die Aussagen gelten so lange, bis sie durch Falsifikation (= durch empirische Beobachtung ihr widersprechender Sachverhalte) in Frage gestellt werden (deshalb das Attribut ,,kritisch"). Entgegen der psychologisch verständlichen Prädisposition von WissenschafterInnen, die gerne nach unumstößlichen Erkenntnissen streben, gewinnen für VertreterInnen des kritischen Rationalismus wissenschaftliche Aussagen mit zunehmender Falsifizierbarkeit (= je eher sie an der Realität scheitern können) an Wert (Kornmeier 2007, 40f).

- Der **Skeptizismus** erhebt den Zweifel zum Grundsatz des Denkens und stellt in konsequenter Fortführung dieses Prinzips jede Möglichkeit einer Erkenntnis von Wirklichkeit und Wahrheit in Frage (vgl. Stangl 2017). Denn um Hypothesen beweisen zu können, müssten stets grundlegende Erkenntnisse herangezogen werden, was einen in eine unendliche Reihe von Beweisen führt, deren Basis nicht zu ergründen ist (Wikipedia 2009b, s.p.). Der Skeptizismus manifestiert sich also in einer Grundhaltung, dass Wahrheit Ansichtssache und dass die Welt prinzipiell unerkennbar sei (vgl. Assmann 2010).
- Der **Positivismus,** der ursprünglich auf Auguste Comte (1798-1857) zurückgeht, erkennt nur Tatsachen als Basis wissenschaftlicher Erkenntnisse an. Er lässt nur gelten, was handfest nachweisbar bzw. „positiv" demonstrierbar ist. Diese Geistesströmung vertritt ein Weltbild, „das von einem natürlichen und absoluten Wahrheitsbegriff ausgeht" (Honoré 1999, 41). PositivistInnen nehmen an, dass für jede Sache eine Realität existiert, die vom Wesen her real ist, und die Wahrheit ist nichts anderes als die genaue und absolute Beschreibung dieser Realität. Demnach existiert „ein absolutes Kriterium für die Wahrheit: die Konformität der Darstellung der Phänomene mit der Wirklichkeit" (Honoré 1999, 41). Diese Auffassung setzt eine grundlegende Trennung zwischen dem Subjekt, das beobachtet, und dem Objekt, das beobachtet wird, voraus. In der positivistischen Lehre verlangt die Beobachtung nach strikter Objektivität. Sie „geht letztlich von einer natürlichen und einheitlich durch mathematische Vorgehensweise definierten Denkweise aus, sowie davon, dass die Existenz von Naturgesetzen die Realität bestimmt" (Honoré 1999, 112). Als Weiterentwicklung dieser Strömung gelten der Logische Positivismus und der Kritische Rationalismus.
- Der **Konstruktivismus** als erkenntnistheoretische Position geht aus Ansätzen in der Philosophie der Mathematik hervor, die Anfang des 20. Jahrhunderts mit dem Ziel der Neubegründung der mathematischen Logik entwickelt wurden. Der Begriff umfasst die Gesamtheit jener Konzepte der Wissenschafts- bzw. Erkenntnistheorie, welche der Rolle des Erkennenden im Erkenntnisprozess eine besondere Aufmerksamkeit zukommen lassen (Vierecke 2007, s.p.). Der Konstruktivismus steht für die Auffassung, dass Menschen die Wirklichkeit nur sub-

jektiv zu „erfinden" (konstruieren) im Stande seien – und nicht – wie nach Ansicht des Positivismus bzw. des Kritischen Rationalismus – objektiv entdecken könnten. Grundlegend gilt also die Annahme, dass jedes Bild über die Welt durch das menschliche Gehirn als Sinneswahrnehmungen konstruiert und eine objektive Erkenntnis nicht möglich sei, sondern höchstens Intersubjektivität erreicht werden könne. Dem konstruktivistischen Weltbild zufolge bleibt der Mensch auf die Daten, die ihm seine Sinnesorgane liefern, beschränkt und jede Erkenntnis stellt letztlich nur eine Konstruktion aus diesen Daten dar. Mit anderen Worten: Der Konstruktivismus leugnet zwar nicht die Existenz einer vom Menschen unabhängigen Welt, er hebt aber hervor, dass diese Welt den Menschen nur via Beobachtung zugänglich sei und daher immer schon eine interpretierte Welt darstellt, woraus die Vertreter dieser Denkrichtung ableiten, dass keine unabhängige Sicht der Wahrheit existiere, die dem menschlichen Erkenntnisvermögen zugänglich wäre (Schülein und Reitze 2005, 259). Wohl aber setzen auch die Konstruktivisten die Existenz einer Realität voraus, auf die sich die verschiedenen Wirklichkeiten beziehen – eine notwendige Grundannahme der Wissenschaft, denn ansonsten würde es sich ja nicht lohnen, sich überhaupt über seine Beobachtungen auszutauschen (Schülein und Reitze 2005, 267).

1.3. Fundamentale Qualitätskriterien wissenschaftlicher Arbeiten

Wiewohl sich im Laufe der Zeit recht unterschiedliche erkenntnistheoretische Grundpositionen herauskristallisiert haben, herrschen quer über die allermeisten Fachrichtungen verhältnismäßig einmütige Auffassungen, was elementare Qualitätskriterien wissenschaftlicher Arbeit betrifft (vgl. zum Folgenden Balzert et al. 2008, 9ff), wobei man auf nachstehend erläuterte 10 Gütemerkmale besonderes Augenmerk richten sollte (siehe Abbildung 3).

Eine qualitätsvolle wissenschaftliche Arbeit sollte erkennbar streben nach bzw. geprägt sein von:

- Intersubjektivität (Objektivität; sie gewährleistet die Unabhängigkeit der Arbeit von der Wissenschafterpersönlichkeit, das heißt, sie stellt sicher, dass andere Menschen an anderen Orten auf dem gleichen Weg zu gleichen Resultaten kommen sollten.)
- Ehrlichkeit (gegenüber sich selbst und den anderen: meint die wahrheitsgemäße Wiedergabe des Vorgehens und der Resultate; sie verschafft der Wissenschaft Glaubwürdigkeit.)

- Überprüfbarkeit (Sie ermöglicht erst den Erkenntnisfortschritt durch konstruktive Kritik, zumal erst Widerlegungsversuche ein Aufdecken sowie eine Korrektur von Fehlern erlauben.)

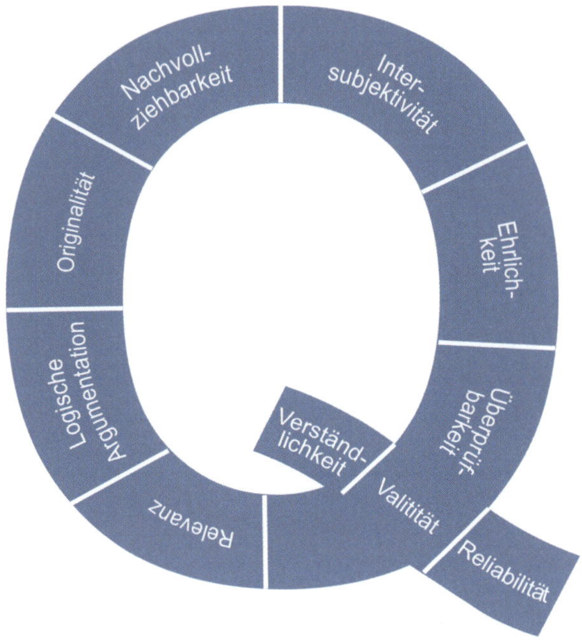

Abbildung 3: Die 10 elementaren Qualitätskriterien wissenschaftlicher Arbeit

- Reliabilität (Sie bezeichnet die Verlässlichkeit und Zuverlässigkeit von Resultaten im Sinne der Reproduzierbarkeit eines Messergebnisses bei konstanten Bedingungen.)
- Validität (Sie stellt auf die Gültigkeit in dem Sinne ab, dass die wissenschaftliche Arbeit tatsächlich das erfasst, was sie zu erfassen vorgibt, sie also im Hinblick auf die Forschungsfrage die sachlich richtigen Inhalte bearbeitet. Speziell in empirischen Arbeiten gewährleistet Validität, dass die gewählten Variablen in einer Weise richtig gewählt werden, dass bei einer Messung die Relationen der numerischen Werte die Relationen zwischen den Objekten angemessen abbilden.)
- Verständlichkeit (Sie resultiert aus exakter und adäquater sprachlicher Formulierung, aus dem gekonnten Einsatz von Wahrnehmungshilfen, wie Abbildungen, Tabellen, Fotos etc. Gefördert wird sie durch Einfachheit, Übersichtlichkeit und Prägnanz.)
- Relevanz (Sie fokussiert auf die Wichtigkeit und Erheblichkeit einer wissenschaftlichen Arbeit, welche in der Regel als belangvoll gilt, wenn sie hohen Informationswert hat oder/und wenn sie zur Lösung praktischer Probleme beiträgt.)

- Logischer Argumentation (Sie betrifft die Folgerichtigkeit der Gedankenführung, die ausreichende Begründung von eigenen Feststellungen sowie die Korrektheit von Schlussfolgerungen.)
- Originalität (Sie zielt auf den Grad der Eigenständigkeit einer wissenschaftlichen Arbeit ebenso ab, wie auf das Ausmaß an Inspiration und Kreativität, das in eine wissenschaftliche Leistung eingeflossen ist.)
- Nachvollziehbarkeit (Sie stellt sicher, dass sich die Inhalte und Verfahren der wissenschaftlichen Arbeit für andere InteressentInnen erschließen.)

1.4. Grundlegende Wissenschaftskategorien

Übergreifend über alle Einzelwissenschaften existieren grundlegende Kategorien, die als elementare Phänomene fach- und disziplinunabhängig in Gebrauch stehen (siehe zum Folgenden Faulstich 2004, 186f). Dazu zählen:

- **Begriff**: Ein Begriff ist ein Wort der Fachsprache, mit der sich die VertreterInnen einer Disziplin untereinander austauschen. Jeder Begriff ist möglichst präzise mit Inhalten zu besetzen; er fasst komplexe Sachverhalte zusammen und soll den Gedankenaustausch erleichtern.
- **Definition**: Eine Definition ist die Bestimmung eines unbekannten Wortes durch die Kombination bereits bekannter Worte. Das zu bestimmende Wort bezeichnet man als Definiendum, die zu dessen Charakterisierung gebrauchten Worte als Definiens. Korrekte Definitionen vermeiden strikt im Definiens das Definiendum (als Ganzes oder in Wortteilen) zu verwenden. Ein Missachten dieses Grundsatzes führt zur Tautologie, das heißt zu einer den Sachverhalt doppelt wiedergebenden Fügung, mit unzureichendem Erklärungswert. Vollkommen tautologisch ist z.B. folgende „Knackwurstdefinition“: *Eine Knackwurst ist eine Wurst, die knackt.* Die bloße Wiederholung der lediglich in ihrer Reihenfolge variierten Worte liefert keinerlei Information über das Wesen besagter Fleischware.

  Eine Definition soll die wissenschaftliche Kommunikation optimieren und damit helfen, den Erkenntnisprozess voranzutreiben.

  Wissenschaftliche Definitionen sollen verschiedenen, teilweise miteinander konfligierenden Anforderungen genügen:

  - Die Anzahl unterschiedlicher Interpretationsmöglichkeiten soll so weit wie möglich reduziert werden; trotzdem soll eine Definition so einfach wie möglich sein.
  - Eine Definition ist umso besser, je schärfer die Grenzen zu anderen Begriffen gezogen sind.

- Es dürfen nur Begriffe verwendet werden, die schon als Allgemeinbegriff eindeutig sind oder die bereits in der jeweiligen Wissenschaft definiert sind.
- Eine Definition soll möglichst keine Ausnahmeregelungen enthalten (Wikipedia 2007, s.p.).

Es kann durchaus sein, dass verschiedene Wissenschaften ein und dasselbe Wort unterschiedlich belegen und damit einen gleich lautenden Begriff unterschiedlich definieren (Beispiele: Haushalt, Krone, Lösung, Blatt).

Definitionen von „Krone" (Brockhaus Enzyklopädie 1970, 690; Duden 1996, 903)

Im numismatischen Sinne bezeichnet Krone eine Währungseinheit, die in bestimmten Ländern (z. B. Island, Norwegen, Österreich, Schweden, Slowakei, Tschechien), welche über eine monarchische Verfassung verfügen/ten, gebräuchlich ist/war.

Krone ist eine in der Umgangssprache gebräuchliche Bezeichnung für eine Tageszeitung, die in Österreich als Kleinformat erscheint und die hierzulande die höchste Druckauflage besitzt.

Im historischen oder politischen Kontext steht „Krone" für eine Kopfbedeckung, die meist aus edlen Materialien gefertigt, als Herrschaftssymbol und Zeichen der Macht für Staatsoberhäupter dient und von diesen zu offiziellen Anlässen getragen wird.

In der Feinmechanik bezeichnet man als Krone ein geriffeltes Rädchen an Armband- oder Taschenuhren zum Aufziehen des Uhrwerks oder zum Stellen der Zeiger.

In der Botanik bezeichnet Krone den mit Laubblättern besetzten Teil des oberirdischen Verzweigungssystems eines Baumes.

In der Jägersprache ist eine Krone der obere Teil des Rothirschgeweihs mit mindestens drei Enden.

In der Medizin steht der Begriff Krone für einen meist aus Porzellan oder Kunststoff gefertigten Ersatz jenes mit Schmelz überzogenen oberen Teils eines Zahnes, der aus dem Zahnfleisch ragt.

Für das Erstellen von Definitionen gelten klassische Definitionsregeln, die auf Aristoteles zurückgehen (zitiert nach Kondakow 1983, 81):

- Ein Begriff wird durch seine nächste Gattung (genus proximum) und den Artunterschied (differentia specifica) definiert (praecisio definitionis).

- Der Artunterschied muss ein Merkmal oder eine Gruppe von Merkmalen sein, die nur dem vorliegenden Begriff zukommen und bei anderen Begriffen fehlen, die zur selben Gattung gehören.
- Eine Definition muss angemessen sein, d.h. weder zu weit noch zu eng gefasst sein.
- Eine Definition darf keinen Zirkelschluss enthalten.
- Eine Definition darf keine logischen Widersprüche enthalten.
- Eine Definition darf nicht nur negativ bestimmt sein.
- Eine Definition darf keine Mehrdeutigkeiten enthalten.

▪ **Urteile:** Begriffe – seien sie noch so gut definiert – sagen noch nichts über das, was wirklich der Fall ist, sie benennen nur. Erst wenn Begriffe verbunden werden, um damit eine Feststellung über die Wirklichkeit zu treffen, ist eine Entscheidung darüber notwendig, ob besagte Feststellung zutrifft oder nicht. Eine solche entscheidende Aussage über einen Zusammenhang nennt man Urteil. Im Urteil erfolgt also eine Überprüfung des Wahrheitsgehaltes.

Auf Aristoteles gehen Axiome zurück, die gelten müssen, damit ein Urteil überhaupt gefällt werden kann. „Urteile können sich nur auf Dinge beziehen, die eindeutig definiert sind (Satz von der Identität), sie müssen widerspruchsfrei (also entweder wahr oder falsch) sein und schließen eine dritte Möglichkeit aus. Das erlaubt Eindeutigkeit." (Schülein und Reitze 2005, 47).

▪ **Schlussfolgerung (Syllogismus)**: Der Syllogismus nimmt eine Übertragung einer in Urteilen gefundenen Wahrheit auf andere Sachverhalte vor. Er erlaubt Generalisierung, Kombination und die Übertragung von Wahrheit.

Jeder Syllogismus besteht aus drei Sätzen (zwei Prämissen, eine Konklusion), die drei Begriffe enthalten (Oberbegriff, Unterbegriff, Mittelbegriff).

Alle Menschen sind sterblich. (Prämisse/Obersatz)

Sokrates ist ein Mensch. (Prämisse/Untersatz)

Sokrates ist sterblich. (Konklusion/Schlusssatz)

„Sowohl die Prämissen als auch die Konklusion müssen Urteile der Form ‚Alle S sind P', ‚Kein S ist P', ‚Einige S sind P' und ‚Einige S sind keine P' sein. Die drei enthaltenen Begriffe sind ‚sterblich' (im Obersatz), ‚Sokrates' (im Untersatz) und ‚Mensch' (als Mittelbegriff). Entscheidend ist, dass der Mittelbegriff in beiden Prämissen vorkommt. Auf diese Weise werden die wahren Aussagen verknüpft (in diesem Fall: ‚sterblich' und ‚Sokrates'). Der Mittelbegriff ist also der Kern des Syllogismus" (Schülein und Reitze 2005, 51).

- **Annahme**: Eine Annahme ist eine am Beginn von Forschungs- und Erkenntnisprozessen stehende begründete Vermutung, die noch keiner Überprüfung unterzogen wurde.
- **Hypothese**: Als Hypothese bezeichnet die Wissenschaft eine vorläufig durch Beobachtungen oder Überlegungen begründete Annahme oder Vermutung, die zur Erklärung bestimmter Phänomene dient, jedoch noch nicht an der Erfahrung oder im Experiment so eingehend überprüfbar ist, dass sie zur Formulierung einer Theorie ausreichen würde.

  Eine Hypothese, die sich im Experiment oder an Erfahrungen bewährt hat („verifizierte" Hypothese), kann zur Theorie oder zum Bestandteil einer Theorie aufrücken. Eine widerlegte Hypothese muss verworfen, modifiziert oder ersetzt werden.
- **Theorie**: Eine Theorie im wissenschaftstheoretischen Sinn ist ein System von Einzelerklärungen zu einem Phänomen.

  Die Theorie fasst bislang nicht widerlegte Aussagen und Gesetzesannahmen widerspruchsfrei zusammen und erklärt, warum etwas so funktioniert, wie es funktioniert. Die Theorie ist der Sinn aller Wissenschaft. Eine formulierte Theorie wird so lange als gültig betrachtet, bis sie jemand schlüssig widerlegt.
- **Gesetzesannahme**: Eine Gesetzesannahme ist eine generelle Aussageform, welche Regelcharakter besitzt.

  Gesetze formulieren bewährte und gültige Informationen und Kenntnisse über wichtige Bestandteile des Fachgebiets. Sie sind bereits ausführlicher begründet, haben unter FachwissenschafterInnen hohe Plausibilität und erlauben auch Prognosen zukünftiger Ereignisse oder Phänomene.
- **Modell**: Ein Modell ist ein vereinfachtes Abbild der Wirklichkeit. Es dient als Hilfsmittel, um Komplexität zu reduzieren, um vielschichtige Zusammenhänge übersichtlich darzustellen und um Regeln und Gesetze eines beobachteten Systems fassbar zu machen (Leser 1997, 522).

  Modelle basieren stets auf Abstraktion. Das heißt, sie erfassen nur einzelne, für die eigene Untersuchung erhebliche Merkmale eines Systems und blenden alle anderen Merkmale (bewusst) aus.

  Je nach Anwendung und Aussagezweck lassen sich verschiedene Modellkategorien identifizieren, wie Beschreibungsmodelle und Analysemodelle. Zu letzteren zählen Erklärungsmodelle, Prognosemodelle und Entscheidungsmodelle. Rein deskriptive Modelle gelten als die einfachste Form, die Realität abzubilden (Burchert und Sohr 2005, 19). Sie stellen vereinfacht dar, wie die Wirklichkeit aussieht bzw. was geschieht und sie fungieren häufig als Ausgangspunkt für die Entwicklung von Analysemodellen. Letztere erlauben zusätzliche Abfragen wie Erklärungen, warum etwas passiert oder wie zukünftige Realitäten aussehen könnten, welche Handlungsmöglichkeiten zu welchen Ergebnissen führen können etc.

- **Methode:** Eine Methode ist die Beschreibung der Art und Weise des wissenschaftlichen Vorgehens.

  Diese Beschreibung besteht aus einer endlichen Folge von Handlungsanweisungen zur Beantwortung einer wissenschaftlichen Frage. Diese Handlungsanweisungen müssen intersubjektiv nachvollziehbar, rational, plausibel, systematisch und reproduzierbar sein und sie müssen eine Überprüfung sowie Kritik erlauben.

- **Empirie:** Der Ausdruck leitet sich vom griechischen Wort *empireia* ab, das Erfahrung, Erfahrungswissen bedeutet. Die Empirie umfasst die Erhebung von Daten, Beobachtungen und Experimente und zielt darauf ab, Erkenntnisse über die Realität durch auf Beobachtung begründete Erfahrung zu gewinnen.

  Die Daten dienen in der Folge dazu, Hypothesen prüfen und allenfalls verwerfen zu können. „Im Bestätigungsfall lassen sich auf diesem Wege Theorien oder Modelle entwickeln oder überprüfen, aus denen dann wiederum Handlungsempfehlungen für die in der Praxis tätigen Akteure abgeleitet werden können" (Burchert und Sohr 2005, 20).

1.5. Sinn und Zweck wissenschaftlicher Arbeit

Wissenschaftliche Arbeit kann vielfältige Zwecke verfolgen (siehe Abbildung 4). Sie dient dem Erwerb von Erkenntnis, aber auch jenem von Einkommen und Macht. Sie möchte zur Entwicklung von Theorien, empirischen Befunden und Methoden beitragen. Sie will Unterstützung beim Bewältigen von Schwierigkeiten bieten sowie Orientierung verschaffen, indem sie Komplexität reduziert und fassbar macht. Wissenschaftliche Arbeit hat ferner die Aufgabe, Kulturgut, welches sich über die Jahrhunderte entwickelt hat, zu vermitteln. Sie soll letztlich den Menschen das Leben erleichtern und helfen, Probleme der Zeit zu lösen.

Allgemein lässt sich eine zentrale Grundaufgabe identifizieren: Wissenschaft soll wahrheitsfähige Aussagen treffen. Diese Feststellung impliziert zweierlei, nämlich:

(1) dass die Resultate wissenschaftlicher Arbeit in Form von Aussagen (d.h. in Form von ganzen Sätzen [zumindest bestehend aus Subjekt und Prädikat]) zum Ausdruck zu bringen sind und

(2) dass man bei den Aussagen verschiedene Typen (= Aussagekategorien) sauber auseinander halten soll (siehe Abbildung 5).

Abbildung 4: Kernziele wissenschaftlichen Arbeitens

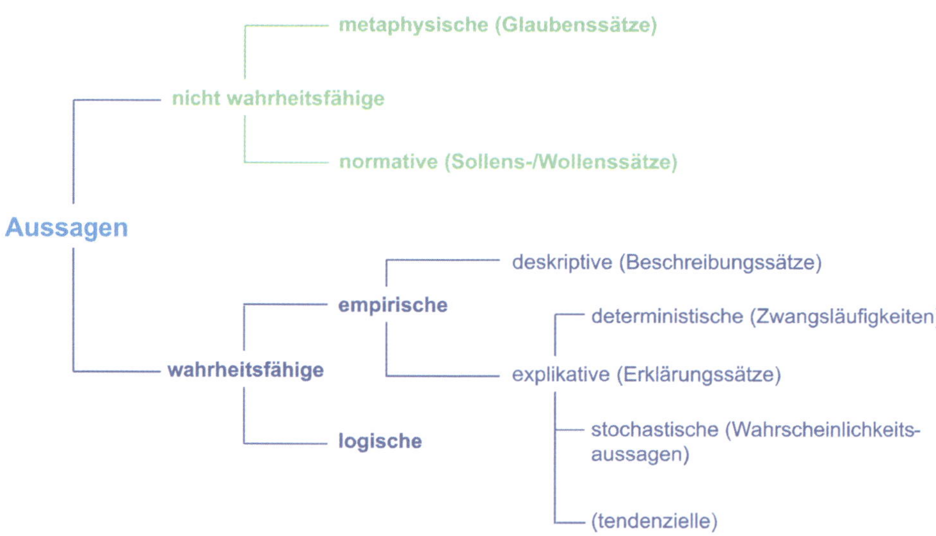

***Abbildung 5: Aussagekategorien** (nach Raffée 1974, 37, modifiziert)*

Nicht wahrheitsfähige Aussagen entziehen sich prinzipiell der Überprüfbarkeit; sie bleiben letztlich immer Ansichtssache. Ihnen sind folgende beiden Aussagetypen zuzurechnen:

Metaphysische Aussagen betreffen die Urgründe der Existenz, die fundamentalen Zusammenhänge des Seins, das hinter der sinnlich erfahrbaren, natürlichen Welt Liegende. Per definitionem handelt es sich um jede mögliche Erfahrung überschreitende Aussagen, welche man annehmen kann, indem man an sie glaubt, welche sich jedoch genauso gut ablehnen lassen, weil sie sich der Falsifizierbarkeit entziehen.

Gott ist allmächtig

Diesen Satz mag der eine als unumstößliche Glaubenswahrheit ansehen, während vielleicht andere überhaupt die Existenz Gottes leugnen.

Normative Aussagen bringen Absichten zum Ausdruck bzw. enthalten Verhaltensregeln setzende Feststellungen. Sie legen Soll-Zustände fest und bewerten Sachverhalte. Hinter ihnen steht stets ein subjektiver Willensbildungsakt.

Ich will jetzt lernen statt faulenzen.

Die Art der Kreuzbreitmaulfrösche ist in ihrer Existenz gefährdet und droht auszusterben, weswegen ihr Fortbestand sicherzustellen ist.

Beide Sätze enthalten subjektive Wünsche, denen als solche per se keine Allgemeingültigkeit zukommt: Während dieses Faktum im ersten durch die Formulierung „Ich will …" offenkundig zu Tage tritt, verschleiert der zweite den subjektiven Wunschcharakter. Dass der Fortbestand einer gefährdeten Art sicherzustellen sei, ist nämlich keineswegs eine Schlussfolgerung, die sich logisch zwingend aus dem Befund über den Schwund an Kreuzbreitmaulfröschen ergibt, sondern eine höchst subjektive Wertung, zumal man z.B. genauso gut die Meinung vertreten könnte, dass der Mensch nicht in den Lauf der Natur eingreifen solle und dass das Aussterben einer Art durchaus dem Gang der Evolution entsprechen könnte, wie das ja z.B. auch beim Verschwinden der Saurier der Fall war.

Wahrheitsfähige Aussagen sind grundsätzlich einer Objektivierbarkeit zugänglich. Sie treten in verschiedenen Spielarten auf:

Rein **logische Aussagen** sind in sich konsistent. Ihr Wahrheitsgehalt ergibt sich aus der formalen Stimmigkeit und Widerspruchsfreiheit. Das heißt, sie folgen den Regeln der Logik, sie sind aber nicht empirisch, beziehen sich also auf keinen realen Sachverhalt.

Sofern a kleiner b und b kleiner c gilt, dass dann auch a kleiner als c ist.

Diese Feststellung bewegt sich auf einer völlig abstrakten Ebene, kann aber durch logisches Überlegen auf ihr Zutreffen überprüft werden.

Allen **empirischen Aussagen** ist gemeinsam, dass sie Feststellungen über reale Sachverhalte treffen. Über ihre (Un)Gültigkeit lässt sich aufgrund sinnlicher Erfahrung und Beobachtung eine intersubjektive Übereinkunft erzielen, indem man den Inhalt der Aussage mit der Realität konfrontiert.

- **Deskriptive Aussagen** schildern konkrete Phänomene bzw. Sachverhalte so wie sie sind, wobei diese Art von Aussagen neben einer sachlichen Komponente auch einen temporären (auf einen bestimmten Zeitpunkt abstellenden) sowie einen räumlichen (für einen bestimmten Ort zutreffenden) Bezug besitzen. Sie stellen einen Seins-Zustand dar und beantworten Fragen nach Faktizität.

  Im Jahr 2007 hat die Universitätsbuchhandlung in Wien 2.468 Bücher über Methoden wissenschaftlichen Arbeitens verkauft.

  Diese Aussage formuliert einen Befund über ein singuläres Faktum, welcher auf sein Zutreffen getestet werden kann, indem man etwa in die Bestelllisten oder in die Buchhaltung des Geschäftes Einschau nimmt und nachzählt, wieviele einschlägige Schriften tatsächlich verkauft wurden.

- **Explikative Aussagen** liefern generelle Erläuterungen für umfassende Ausschnitte der Realität. Sie transportieren Urteilsinhalte, die den gesetzmäßigen Zusammenhang des Geschehens betreffen. Sie stellen nicht auf singuläre Sachverhalte ab, weswegen sie in ihrer strengen Form auch über keinen Raum-/Zeit-Bezug verfügen, das heißt, sie gelten „immer und überall" (Kornmeier 2007, 49).

  Je nach dem Grad der Generalisierbarkeit bzw. der Reichweite kann man innerhalb der explikativen Aussagen weiter differenzieren.

  Deterministische bzw. nomologische Aussagen formulieren Zwangsläufigkeiten. Sie halten kausal unabänderlich vorherbestimmte Zusammenhänge fest und sie verknüpfen Ursachen und Wirkungen in ganz eindeutiger Weise.

  Bei konstanter Temperatur ist der durch einen Leiter fließende elektrische Strom I der zwischen den Leiterenden herrschenden Spannung U proportional. Der nur von den Leitereigenschaften und der Temperatur abhängige Quotient U/I=R heißt elektrischer Widerstand (Dtv Brockhaus Lexikon 1982, 176).

  Die als Ohmsches Gesetz bekannte Aussage besitzt universelle Gültigkeit und fasst eine quantifizierbare sowie jederzeit und allerorten überprüfbare Abhängigkeit in Worte bzw. in knappster Darstellung als Formel.

  Stochastische Aussagen erfassen und erläutern Zusammenhänge in Form von Regelmäßigkeiten, die einer bestimmten Wahrscheinlichkeitsverteilung folgen. Solche probabilistischen Feststellungen abstrahieren ebenfalls vom Einzelfall.

Wenn man Säuglingen Wasser mit einem Nitratgehalt von 100 mg/l zu trinken gibt, dann sterben mit einer Wahrscheinlichkeit von 95% 10,3 von 1.000 lebend geborenen Babies an Blausucht.

Der Aussage über die nitratbedingte Säuglingssterblichkeit wohnt zumindest für den konkreten Einzelfall eine gewisse Unschärfe inne: Wenn ein bestimmtes Baby nitrathaltiges Wasser zu sich nimmt, kann im Speziellen nicht mit Bestimmtheit gesagt werden, dies ende letal oder bliebe ohne Gesundheitsbeeinträchtigung – vielmehr ist beides mit einer bestimmten Wahrscheinlichkeit möglich und weder das quietschvergnügte Weiterleben noch der Tod dieses einen Kleinkindes würde die Aussage grundsätzlich bestätigen oder falsifizieren. Eine solche stochastische Aussage ist mithin nur erschwert zu falsifizieren (im Beispielsfall wohl nur durch eine sehr große Zahl an analysierten Fällen), dennoch lässt sie sich empirisch testen (etwa indem man eine Vielzahl von Nitratgehaltswerten aus chemischen Wasseruntersuchungen mit Resultaten differenzierter Erhebungen über Todesursachen bei Säuglingen statistisch verknüpft). Trotz der ihr inhärenten Unschärfe wird einer derartigen Aussage Informationswert zuzubilligen sein.

Tendenzielle Aussagen drücken nicht näher quantifizierte Vermutungen aus, ohne eindeutige Kausalitätsbeziehungen herzustellen und ohne auf ein zugrundeliegendes Verteilungsgesetz abzustellen, weswegen sie streng genommen nicht als explikativ-empirisch gelten können. Aufgrund ihrer Diffusheit entziehen sich derartige Aussagen einer empirischen Überprüfbarkeit.

Je mehr Literatur ein Wissenschafter während seiner Forschungen berücksichtigt, desto schmäler fallen dessen empirische Erhebungen aus.

Primär konzentriert sich die Wissenschaft darauf, wahrheitsfähige Aussagen zu gewinnen, was jedoch nicht unbedingt heißt, dass WissenschafterInnen keine metaphysischen, etwa normativen Aussagen machen dürften. Wissenschaftliche Dignität und das Gebot der Lauterkeit verlangen allerdings, klar zu trennen und bewusst transparent zu machen, was den Charakter einer Faktenfeststellung besitzt und was den einer subjektiven Wertung. Mit anderen Worten, Sachaussage auf der einen und individuelle Willens- oder Meinungsbekundung auf der anderen Seite sind möglichst eindeutig auseinander zu halten.

In diesem Kontext sei die These der Werturteilsfreiheit des Soziologen, Volkswirtschafters und Wirtschaftshistorikers Max Weber (1864-1920) erwähnt: Diese besagt, dass „es nicht Aufgabe einer Erfahrungswissenschaft sein kann, bindende Normen und Ideale aufzustellen. Der Wissenschafter soll also empirische Gesetzmäßigkeiten erforschen, aber keine Anweisung darüber formulieren, wie sich Menschen verhalten und was sie tun sollen“ (Plöger 2003, 142).

1.6. System der Wissenschaften

Unter Bezugnahme auf die einleitend vorgestellte Definition von Wissenschaft als methodisches Streben nach Erkenntnis über Tatbestände samt Dokumentation, Veröffentlichung und Weitergabe der gewonnenen Einsichten (siehe Kapitel 1.1) bleibt weiter festzuhalten: Es gibt vielfältige Untersuchungsformen und -methoden und unzählige Tatbestände; dementsprechend vielfältig sind die Wissenschaften. Ob dieser Vielfalt lässt sich auch keine einheitliche und klare Systematik der Wissenschaften erstellen.

Die Einteilung der Wissenschaften und deren Abgrenzung zueinander sind nicht endgültig geklärt und es existieren verschiedene Systematiken nebeneinander. Abbildung 6 veranschaulicht nur eine – wenn auch recht gebräuchliche – von mehreren parallel verwendeten Einteilungen der Wissenschaften. Sie trennt zunächst nach der Objektivierbarkeit der Aussagen zwischen metaphysischen Wissenschaften, welche von transzendenten Glaubenssätzen (Theologie) oder anderen kategorischen Axiomen (wie manche Zweige der Philosophie, insbesondere die Metaphysik als die Wissenschaft von den Urgründen des Seins und der Wirklichkeit) ausgehen und nicht metaphysischen Wissenschaften andererseits. Letztere sind weiter aufgesplittert, je nach primären Erkenntnisobjekten. Den Formalwissenschaften ist gemeinsam, dass ihnen ein solches physisches Erkenntnisobjekt fehlt. Sie generieren ihre Aussagen durch abstrakte Ableitungen (z.B. Primzahlforschung in der Mathematik). Die Realwissenschaften wenden sich dagegen physisch wahrnehmbaren Gegenständen und Phänomenen zu. Drehen sich die Forschungen um die Hervorbringungen der Menschen und deren Umgang miteinander, spricht man von Kulturwissenschaften. Fokussiert das Erkenntnisstreben auf Erscheinungen und Dinge, die vom Menschen verschieden sind, zählt es zu den Naturwissenschaften. Die Humanwissenschaften schließlich bewegen sich im Grenzbereich von Natur- und Kulturwissenschaften, sie stellen den Menschen als physisches Phänomen in den Mittelpunkt.

Der Sinn eines solchen Klassifikationsschemas besteht vor allem darin, dass immer wieder Einteilungen benötigt werden:

- für organisatorische Zwecke (etwa für die Zusammenfassung von ForscherInnengruppen zu Fakultäten oder Departments),
- für eine systematische Ordnung von Publikationen (beispielsweise für die Aufstellung von Literatur in Bibliotheken bzw. Buchhandlungen) oder
- für statistische und administrative Belange (etwa für Auswertungen über Ausbildungskosten, Budgetverteilungen etc.).

Abbildung 6: ***System der Wissenschaften*** *(nach Weingartner und Dorn 1980, 757ff, stark modifiziert)*

„Der Wissende weiß, dass er glauben muss."
Friedrich Dürrenmatt (1921-1990).

1.7. Wiederholungsfragen

1. *Wissenschaftliche Arbeit will, was ihre Sachziele betrifft*

a) ideologisieren
b) Neugier befriedigen
c) Erkenntnisse generieren
d) Kritik unmöglich machen
e) Komplexität reduzieren
f) Persönlichen Ruhm verschaffen

2. *Was zählt zu zentralen Kriterien der Wissenschaftlichkeit?*

a) Popularität
b) Nachvollziehbarkeit
c) souveräner Fremdwortgebrauch
d) kommerzielle Verwertbarkeit der Resultate
e) logische Konsistenz
f) Unumstößlichkeit
g) Eindeutigkeit der Aussagen

3. *Welchen Kategorien im System der Wissenschaften (nach Weingartner und Dorn) ist ein Forscher zuzuordnen, der die Auswirkungen der Verwendung von Bio-Kraftstoffen auf die Gesundheit von Großstadtbewohnern herauszufinden trachtet?*

a) Sozialwissenschaft
b) Humanwissenschaft
c) Realwissenschaft
d) Chemie
e) Ingenieurwissenschaft
f) Medizin

4. *Geben Sie bitte für den nachstehenden Satz die zutreffenden Aussagekategorien an: „Weil die Eisvogelpopulation kontinuierlich schrumpft, müssen wir Maßnahmen zur Bestandes-sicherung ergreifen.“*

a) wahrheitsfähig
b) explikativ
c) normativ
d) deskriptiv
e) logisch
f) empirisch

5. *Welche Forschungsthemen passen – gemäß dem System der Wissenschaften (nach Weingartner und Dorn) nicht zu einem Biologen?*

a) Das Verbreitungsgebiet der Rosen
b) Die Furcht der Frauen vor Spinnen
c) Der Stoffwechsel der Wühlmäuse
d) Die Stressphysiologie der Gerste
e) Backversuche mit Weizenmehl
f) Die Beliebtheit von Schmetterlingen als Zeigerarten bei Ökologen

6. *Welche der nachstehenden Kriterien sind für eine prinzipielle Beurteilung der Wissenschaftlichkeit einer Arbeit primär?*

a) Kostspieligkeit
b) Komplexität
c) Intersubjektivität
d) Widerspruchsfreiheit
e) Vorurteilsfreiheit
f) Popularität

7. ***Bitte geben Sie an, welche allfälligen Mängel nachstehende Definition aufweist: „Ein Thesaurus ist kein Konversationslexikon“***

a) tautologisch
b) unzureichend
c) Nennung der nächsten Gattung fehlt
d) negativ bestimmte Definition
e) unlogisch
f) wissenschaftlich brauchbar

8. ***Welche der nachstehenden Aussagen trifft zu? Eine wissenschaftliche Theorie gilt ...***

a) solange sie ein prominenter Wissenschafter vertritt
b) solange alle Falsifikationsversuche fehlschlagen
c) solange sie diffus bleibt
d) wenn sie leicht verständlich ist
e) erst, wenn sie endgültig bewiesen wurde
f) wenn sie auf Erklärungen verzichtet

9. ***Welche Feststellungen entsprechen den Grundpositionen des Konstruktivismus?***

a) Eine unabhängige Sicht der Wahrheit ist dem menschlichen Erkenntnisvermögen unzugänglich.
b) Jede wissenschaftliche Aussage ist zwangsläufig durch die Persönlichkeit des Wissenschafters/der Wissenschafterin subjektiv gefärbt.
c) Die WissenschafterInnen können sich das Bild von der Welt nur aufgrund ihrer Sinneswahrnehmungen konstruieren.
d) Aussagen besitzen erst dann wissenschaftlichen Wert, wenn sie endgültig bewiesen wurden.
e) Erkenntnisse, die großes Medienecho auslösen, konstruieren eine wissenschaftliche Erfolgsspirale.
f) Bei der wissenschaftlichen Suche nach Erkenntnis sind konstruktive Ideen mit Rationalität zu verbinden.

10. ***Geben Sie für die nachstehende Definition „Eine Dissertation ist eine wissenschaftliche Arbeit (Hochschulschrift) zur Erlangung eines Doktorgrades an einer Universität oder Hochschule mit Promotionsrecht“ an, was zur Charakterisierung des artspezifischen Unterschieds gehört!***

a) wissenschaftliche Arbeit
b) eine Dissertation
c) zur Erlangung des Doktorgrades
d) an einer Universität oder Hochschule
e) mit Promotionsrecht
f) Hochschulschrift

11. ***In folgender Kette von Aussagen: „Verbrennungsmotoren emittieren CO_2. – Tragflügelboote werden von Verbrennungsmotoren angetrieben. –Tragflügelboote emittieren CO_2.“ Ist die Feststellung: „Verbrennungsmotoren emittieren CO_2.“***

a) ein Urteil
b) eine Prämisse
c) ein Obersatz
d) keine Conklusio
e) ein Teil eines Syllogismus
f) Basis einer Übertragung von Wahrheit

Lösungen zu den Wiederholungsfragen siehe Seite 159f.

2. Organisation und Mechanismen des Wissenschaftsbetriebes

2

„Wenn die Eintreibung von Drittmitteln zum Qualitätskriterium einer Wissenschaft wird, wird der zum Versager, der solche Mittel gar nicht benötigt, weil ein Kopf zum Denken genügt.“ Konrad Paul Liessmann (*1953)

Das Kapitel über *Organisation und Mechanismen des Wissenschaftsbetriebes* beantwortet folgende Leitfragen:

- ? Wer betreibt Wissenschaft?
- ? Welche beruflichen Perspektiven eröffnet der Wissenschaftsbetrieb?
- ? Wie ist der moderne Wissenschaftsbetrieb organisiert?
- ? Welchen Einfluss üben Politik und Gesellschaft auf die Wissenschaft aus?
- ? Welche Rolle spielen Publikationen, Kongressbesuche und Projekteinwerbungen für das persönliche Vorankommen von WissenschafterInnen?
- ? Welchen Einflüssen und steuernden Eingriffen unterliegen die Wissenschaften?
- ? Worauf gründen sich Ruf und Reputation von WissenschafterInnen?
- ? Welche Einrichtungen und Maßnahmen dienen der Qualitätssicherung in Wissenschaft und Forschung?

Die Erläuterungen zu *Organisation und Mechanismen des Wissenschaftsbetriebes* verfolgen nachstehende Lernziele:

- Qualifikationsstufen einer WissenschafterInnenlaufbahn kennen
- formelle und informelle Normen sowie Karriere beeinflussende Faktoren im Soziosystem Wissenschaft begreifen
- Forschungsvorhaben nach organisatorischen Gesichtspunkten eindeutig typisieren können
- zentrale Träger und Institutionen des Wissenschaftsbetriebes und ihre jeweiligen Funktionen identifizieren
- Kriterien zur Qualitätsbeurteilung von WissenschafterInnen, wissenschaftlichen Institutionen und von wissenschaftlichem Output kennen und anwenden
- prinzipielle Rolle sowie Gütekriterien von Tagungen und Kongressen einzuschätzen vermögen
- Absichten sowie Grundzüge von Evaluierungs- und Akkreditierungsverfahren verstehen

Wendet man sich der Frage zu, wer betreibt und wer beeinflusst wissenschaftliche Arbeit, so stößt man auf ein komplexes Geflecht an Akteuren, die mit ihren Aktivitäten zusammen den sogenannten Wissenschaftsbetrieb ausmachen. Der Wissenschaftsbetrieb umfasst sowohl sämtliche Personen, Institutionen und Prozesse, die sich mit systematischer Erkenntnisgewinnung oder -verbreitung befassen als auch die Menschen, Einrichtungen und Vorgänge im Umfeld, die für die wissenschaftliche Arbeit relevante Politik betreiben, Infrastruktur sowie Finanzmittel bereitstellen und Verwaltungsleistungen erbringen. Alle Elemente des Wissenschaftsbetriebes sind wechselseitig voneinander abhängig und wirken auch gegenseitig aufeinander ein (Abbildung 7).

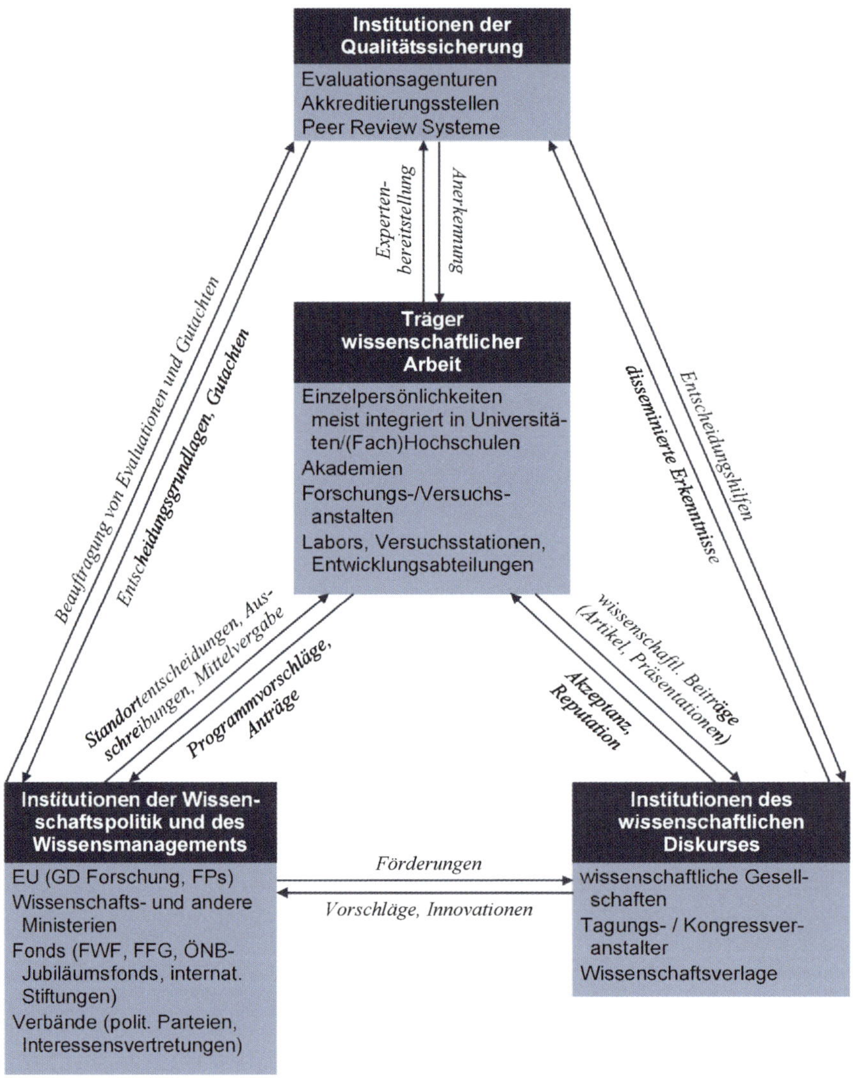

Abbildung 7: Institutionen des Wissenschaftsbetriebes und ihre gegenseitige Beeinflussung

2.1. Träger wissenschaftlicher Arbeit

Wie es grundsätzlich jedem frei steht, die Welt zu erkunden, Erfahrungen zu sammeln und klüger zu werden, so kann prinzipiell jede(r) nach Belieben forschen, lernen und lehren. Den offenen Zugang zur Wissenschaft schützen die meisten Staaten sogar in ihrer Rechtsordnung. Österreich hat die Wissenschaftsfreiheit in seiner Verfassung als Grundrecht verankert. Wiewohl also alle, die möchten, sich wissenschaftlich betätigen dürften, macht lediglich ein (verhältnismäßig kleiner) Teil der Menschen von dieser Befugnis Gebrauch.

- Jene, die sich um systematisch methodischen, von Rationalität geleiteten Erkenntnisgewinn bemühen, sind im Grunde genommen freilich stets die zentralen Träger der wissenschaftlichen Arbeit. Denn letztlich hängen Inspiration, methodisches Vorgehen, Analysen und abstrahierende Überlegungen etc. immer an individuellen Persönlichkeiten.

Die konkrete wissenschaftliche Arbeit findet allerdings nur in seltensten Fällen durch völlig auf sich allein gestellte Einzelpersonen statt, sondern spielt sich zumeist in einer Reihe von Organisationen bzw. Institutionen ab, welche von der öffentlichen Hand oder/und privater Seite getragen werden. Zu diesen Einrichtungen gehören unter anderem

- **Universitäten und (Fach)Hochschulen** (sind Gemeinschaften der Lehrenden und Lernenden – lateinisch: universitas magistrorum et scholarium – welche die Wissenschaften durch Forschung, Lehre und Studium pflegen und entwickeln, sei es mit genereller Ausrichtung, das heißt, mit Repräsentation der Gesamtheit des Fächerkanons – lateinisch: universitas litterarum – , wie die Università di Bologna, die Sorbonne in Paris, die Karls-Universität Prag oder die Alma Mater Rudolphina Vindobonensis, sei es mit spezieller Schwerpunktsetzung wie die Medizinuniversitäten, die technischen Universitäten, die Kunstuniversitäten, die Montanuniversität Leoben oder die Universität für Bodenkultur Wien)
- **Akademien** (in Form der Akademien der Wissenschaften stellen sie meist als Selbstverwaltungskörperschaften eingerichtete Gelehrtengesellschaften für Forschungszwecke dar, die keine Lehre betreiben und die in gemeinsamen Sitzungen Forschungsergebnisse erörtern und für deren Publikation sorgen, wie z.B. die Österreichische Akademie der Wissenschaften, die Europäische Akademie in Bozen etc.; in Gestalt von Anstalten zur Förderung wissenschaftlicher bzw. künstlerischer Studien haben sie bisweilen den Charakter unvollständig ausgebauter Hochschulen, wie z.B. Berg-, Musik-, Film- oder Kunstakademien)
- **Forschungs- und Versuchsanstalten** (sind zumeist von der öffentlichen Hand geschaffene Einrichtungen, denen die Erfüllung bestimmter Forschungs- und Untersuchungsaufgaben von öffentlichem Interesse per Gesetz aufgetragen ist, wie z.B. die für den staatlichen wetterkundlichen sowie geophysikalischen Dienst

zuständige Zentralanstalt für Meteorologie und Geodynamik mit Sitz in Wien; die ebenfalls in Wien ansässige Bundesanstalt für Agrarwirtschaft, welche die Umsetzung einer nachhaltigen Landwirtschaftspolitik durch agrarökonomische Studien wissenschaftlich zu begleiten hat; das Bundesamt für Wein- und Obstbau in Klosterneuburg, welches u.a. önologische Analysen durchzuführen hat)

- **wissenschaftliche Institute** (sofern sie nicht als Organisationseinheiten von Universitäten, Akademien oder Anstalten installiert sind, handelt es sich zumeist um rechtlich selbstständige Einrichtungen in Form einer GesmbH, eines Vereines oder einer Stiftung, die sich in Forschung oder/und Lehre engagieren, z.B. Ludwig Boltzmann Institute; kommerzielle Markt- und Meinungsforschungsinstitute, welche ihre wissenschaftliche Tätigkeit zum Gegenstand eines gewinnorientierten Unternehmens machen)
- manche **Ämter** (wenn sie als Dienststellen von Behörden zur Erfüllung der ihnen übertragenen Aufgaben Forschungen durchführen müssen, wie z.B. das Bundesdenkmalamt, welches spezielle Bauforschungen betreibt)
- **Labors, Versuchsstationen, Observatorien** (z.B. die von einer eigenen Forschungsgesellschaft getragenen Christian-Doppler-Labors, welche als technisch-wissenschaftliche Institutionen fungieren)
- **internationale Großforschungseinrichtungen** (von internationalen Organisationen getragene Forschungsstätten, z.B. die Europäische Weltraumorganisation/ ESA in Paris; das mit UNO und FAO kooperierende Internationale Institut für angewandte Systemanalyse (IIASA) in Laxenburg, das Kernforschungszentrum CERN in Genf)
- spezielle Abteilungen in **Museen und Sammlungen**
- Entwicklungsabteilungen von **Firmen** sowie Think-tanks mancher Konzerne
- **Ingenieurbüros und Beratungs-(Consulting)Firmen** sowie viele andere mehr

Neben den Personen und Wirkungsstätten, die sich der unmittelbaren Erkenntnisgewinnung bzw. -vermittlung widmen, die sich also dem Kerngeschäft des wissenschaftlichen Arbeitens verschreiben, sind in den modernen Wissenschaftsbetrieb zahlreiche andere Institutionen involviert, die begleitende Steuerungs-, Finanzierungs- und Administrationsaufgaben erfüllen.

2.2. Institutionen der Wissenschaftspolitik und des Wissenschaftsmanagements

Eine Reihe von Institutionen schafft nötige Infrastruktur, damit gedeihliches wissenschaftliches Arbeiten möglich wird, sorgt als Geldgeber für die Alimentation der Träger wissenschaftlicher Arbeit und sieht sich berufen, lenkend einzugreifen, damit sich Wissenschaft in geordneten Bahnen entwickelt. Speziell letztere Intention gilt als einigermaßen umstritten, weil „gerade eine von gesellschaftlichen Nützlichkeits- und Zweckmäßigkeitsvorstellungen befreite Wissenschaft dem Staat und der Gesellschaft im Ergebnis am besten dient“ (BVerfGE 47, 327 [370]). Wie immer man zu externen Einflussnahmeversuchen auf die Wissenschaft stehen mag, Faktum ist, dass u.a. folgende Einrichtungen eine zentrale Rolle für das Funktionieren des Wissenschaftsbetriebes spielen:

- Dem **Staat**, seinen **Organen** und insbesondere den **WissenschaftspolitikerInnen** fällt für die personelle wie finanzielle Ausstattung, Lenkung und Verwaltung der Wissenschaft eine Schlüsselrolle zu. In Österreich sind vor allem der Nationalrat mit seinen Budgetbeschlüssen und mit der Verabschiedung wissenschaftsrelevanter Gesetze sowie die Bundesministerien für Wissenschaft, Forschung und Wirtschaft sowie für Verkehr, Innovation und Technologie als Hauptakteure zu nennen. Sie trachten mit verschiedenen Mitteln – etwa durch Budgetzuweisungen an die verschiedenen wissenschaftlichen Einrichtungen oder durch die Vergabe von Forschungsaufträgen bzw. -subventionen oder durch den Abschluss von Leistungsvereinbarungen mit Universitäten – wissenschaftliche Aktivitäten zu stimulieren, zu kanalisieren und auf gewisse Schwerpunkte zu konzentrieren. Die Politiker lassen sich dabei durch eigene Gremien, wie den Rat für Forschung und Technologieentwicklung, unterstützen und beraten.

  Für die Vergabe von Forschungsmitteln hat die öffentliche Hand verschiedene Fonds dotiert und eigene Organisationen etabliert. Als wichtigste derartige Stellen sind in Österreich zu nennen:

  - Fonds zur Förderung der wissenschaftlichen Forschung, abgekürzt FWF (Er fördert Grundlagenforschung zur Weiterentwicklung der Wissenschaften auf hohem internationalen Niveau, um so zur Steigerung von Wertschöpfung und Wohlstand beizutragen und er steht grundsätzlich allen Fachrichtungen offen. Neben Einzelprojekten mit einer Maximallaufzeit von drei Jahren können thematisch offene Schwerpunktprogramme, wie Spezialforschungsbereiche, Doktoratskollegs oder nationale Forschungsnetzwerke ebenso Unterstützung finden wie WissenschafterInnen zur eigenen Karriereentwicklung oder wie Publikationsvorhaben. Zudem vergibt der FWF Auszeichnungen und Preise.)
  - Forschungsförderungsgesellschaft, abgekürzt FFG (Sie fungiert als nationale Förderstelle für anwendungsorientierte und wirtschaftsnahe Forschung, Technologieentwicklung und Innovation mit dem Ziel, den heimischen Forschungs- und Innovationsstandort im globalen Wettbewerb

zu stärken. Sie unterstützt auf Antrag Unternehmen, Forschungsinstitutionen und Einzelpersonen bei Forschungs- und Entwicklungsprojekten, bei der Anbahnung von EU- und anderen internationalen Vorhaben und sie verfolgt durch thematische Programme strategische Schwerpunktbildungen, indem sie zu bestimmten Themenfeldern, wie etwa Lebenswissenschaften oder Energie und Umwelt Ausschreibungen veranstaltet.)

– Jubiläumsfonds der Österreichischen Nationalbank (Er fördert auf Antrag wirtschaftswissenschaftliche sowie medizinische (klinische) Forschungsvorhaben, daneben aber auch sozial- und geisteswissenschaftliche Projekte. Außerdem sorgt der Jubiläumsfonds für eine Basisfinanzierung dreier Wirtschaftsforschungsinstitute, des Instituts für Höhere Studien und Wissenschaftliche Forschung [IHS], des Österreichischen Instituts für Wirtschaftsforschung [WIFO] und des Wiener Instituts für Internationale Wirtschaftsvergleiche [WIIW].)

Staat und Gesellschaft setzen darüber hinaus rechtliche Rahmenbedingungen (etwa durch Vorgabe des Dienstrechts für WissenschafterInnen, die bei der öffentlichen Hand angestellt sind, aber auch durch gesetzliche Regelungen für Tierversuche oder für die Arbeit mit gentechnisch modifizierten Organismen). Sie definieren zusätzlich durch eigene Ethikkommissionen ethische Schranken (unter anderem für klinische Versuche in der medizinischen Forschung).

- **Politische Parteien** trachten – teilweise ideologisch motiviert und zum Teil in der Absicht, ihre Wählerklientel zu befriedigen – ebenso nach Einflussnahme auf wissenschaftliche Arbeiten, wie berufsständische Interessenvertretungen (Kammern, Gewerkschaftsbund, Industriellenvereinigung), welche mit eigenen wissenschaftspolitischen Abteilungen Lobbying betreiben. Hier tut sich ein brisantes prinzipielles Konfliktfeld auf: Denn einerseits bestreiten Steuerzahler und Unternehmen große Teile der Kosten für den Wissenschaftsbetrieb, was nach der Devise „Wer zahlt, schafft an!“ ihre Repräsentanten dazu legitimiert, einen gewissen Einfluss auf das Geschehen auszuüben. Andererseits braucht wissenschaftliche Arbeit sowohl intellektuelle Freiräume, damit sich schöpferisches Potential ungestört entfalten kann, als auch freien Informationszugang, damit sie über empirisch gehaltvollen Forschungsinput verfügt. Beide Aspekte gebieten einen Verzicht auf externe Interventionen. In der Praxis kommt es aber immer wieder vor, dass etwa der Datenschutz als Argument vorgeschoben wird, um politisch nicht erwünschte Forschung zu behindern.

Überhaupt begegnen einander Politik und Wissenschaft häufig mit einer gewissen Skepsis. „Das ist einerseits verständlich, da echte wissenschaftliche Tätigkeit Grenzen des bisher Bekannten sprengen muß und ihr somit stets prinzipiell

‚anarchische' Züge innewohnen, was mit den – für das Funktionieren der Gesellschaft durchaus notwendigen – Machtansprüchen der Politik in Konflikt geraten kann. Andererseits ist dies nicht unbedingt einsichtig, weil die Wissenschaft der Politik wertvolle Dienste leisten kann, indem sie neue Wege und Alternativen aufzeigt und indem sie transparente Grundlagen liefert, womit sie eine Voraussetzung für die Hebung der Entscheidungsqualität schafft" (Wytrzens 1999, 122).

Noch schärfer stellt sich das geschilderte Spannungsfeld zwischen Freiheit und Knechtschaft der WissenschafterInnen dort, wo Wirtschaftsunternehmen sich wissenschaftlich betätigen. Denn privat angestellte WissenschafterInnen unterliegen einem Weisungsrecht des Arbeitgebers. Sie haben unter anderem die Wahrung von Geschäftsgeheimnissen zu beachten. Solche berechtigte Geheimhaltungsinteressen eines Arbeitgebers samt der Weisungsgebundenheit kollidieren freilich mit fundamentalen Prinzipien wissenschaftlicher Arbeit, wonach ein gewisses Maß an innerer Autonomie und individuelle Forschungsfreiheit ebenso vorauszusetzen wären wie Nachvollziehbarkeit, Publizität, Transparenz und ungehinderter Diskurs.

- Auf supranationaler Ebene ist die **Europäische Union** wissenschaftspolitisch aktiv, mit dem Ziel, den Europäischen Forschungsraum zu verwirklichen. Die Europäische Kommission, welcher ein eigener Kommissar für Wissenschaft und Forschung angehört, und bei welcher eine eigene Generaldirektion Forschung eingerichtet ist, bündelt seit 1984 ihre Forschungsprogramme. Bis 2013 gab es 7 solche Programme, welche durch Beschlüsse des Europäischen Rates und des Europäischen Parlaments legitimiert und formal als EU-Richtlinie implementiert wurden (vgl. Europäische Kommission 2016, 6).

  Anfang 2014 startete das aktuelle Rahmenprogramm „Horizont 2020". Es verfolgt als Hauptziele eine Stärkung der EU-Spitzenforschung, die Förderung der industriellen Innovation (einschließlich Investitionen in Schlüsseltechnologien, leichterer Zugang zu Kapital und Unterstützung für kleine Unternehmen) und eine Bewältigung der größten sozialen Herausforderungen (wie Klimawandel, nachhaltige Verkehrssysteme, erneuerbare Energien, Lebensmittel- und Ernährungssicherheit, Bevölkerungsalterung) (vgl. Europäische Union 2017). Als spezielle EU-Institutionen zur Verwaltung von Forschungsbeihilfen gibt es die Exekutivagentur für Forschung (REA) und den Europäischen Forschungsrat. Dieser fördert ohne thematische Einschränkungen exzellente Pioniervorhaben von EinzelwissenschafterInnen in der Grundlagenforschung.

- **Stiftungen** spielen vor allem auf internationaler Ebene eine nicht zu unterschätzende Rolle. Sie stellen verselbstständigte Vermögen dar. Aus den Vermögenserträgen wird einer vom Stifter festgelegten Zweckwidmung zufolge Geld ausgeschüttet. Manche gemeinnützigen Stiftungen haben den Auftrag, wissenschaftliche Arbeiten zu fördern (wie z.B. die Volkswagenstiftung in Deutschland) oder hervorragende Wissenschafterpersönlichkeiten auszuzeichnen (wie z.B. die Alfred-Nobel-Stiftung, welche jährlich die Nobelpreise vergibt).

Sowohl bei der wissenschaftspolitischen Meinungsbildung als auch bei Entscheidungen über Mittelvergaben orientieren sich die Verantwortlichen – sei es aus Objektivierungsbemühungen heraus, sei es wegen eigener sachlicher Überforderung – oftmals an Ergebnissen von Begutachtungs- und Evaluationsverfahren genauso wie an szientometrischen Daten (also etwa an Maßzahlen über die Publikationsleistung respektive an Kennziffern über die Häufigkeit des Zitiert-Werdens, über das Volumen eingeworbener Drittmittel oder über Leistungen in der Wissensverbreitung). Solche Orientierungen gelten ihrerseits als umstritten, weil weder Evaluationen noch quantitative Indikatoren im Stande sind, „auch nur im Ansatz die Qualität und Eigensinnigkeit wissenschaftlicher Leistungen zu erfassen oder gar zu messen" (Liessmann 2006, 98) und weil sie die Frage nach dem tatsächlichen Gehalt wissenschaftlicher Leistungen ignorieren (Liessmann 2006, 96).

2.3. Institutionen der Qualitätssicherung wissenschaftlicher Arbeit

In jüngerer Zeit haben sich verschiedene Institutionen etabliert, die einer Qualitätssicherung der wissenschaftlichen Arbeit dienen sollen. Besagtes Vordringen derartiger Einrichtungen hängt vermutlich mit mehreren internationalen wissenschaftsrelevanten Strömungen zusammen: Einmal bringt es die Globalisierung mit sich, dass Wissenschaftspolitiker den Wettbewerb zwischen verschiedenen Trägern wissenschaftlicher Arbeit ankurbeln möchten, weswegen wissenschaftliche Leistungen vergleichbar gemacht, standardisiert und gemessen werden müssen. Ferner will man den internationalen Austausch von Forschenden, vor allem aber von Studierenden wie Lehrenden forcieren, was ebenfalls eine gewisse Vergleichbarkeit verlangt. Des Weiteren werden bisher von der öffentlichen Hand gewährleistete Angebote im Wissenschafts- und Bildungssystem zunehmend durch privatwirtschaftliche ergänzt bzw. ersetzt, weswegen zur Gewährleistung fairer Wettbewerbsbedingungen sowie zur Vermeidung unseriöser Praktiken die Einhaltung von Mindeststandards überwacht werden muss. Schließlich schreitet die Diversifizierung der Wissenschaften voran, was es massiv erschwert, den Überblick zu wahren. In der Konsequenz wächst das Gewicht von Benchmarks und Ranglisten bei forschungs- und bildungspolitischen Entscheidungen.

Als Institutionen, denen qualitätssichernde Aufgaben zugedacht sind, haben sich insbesondere folgende etabliert:

- **Evaluationsagenturen**: Sie erstellen Richtlinien, nach denen die Qualität der Leistungen entweder von einzelnen WissenschafterInnen oder von wissenschaftlichen Einrichtungen geprüft wird. Sie können überdies zur Abwicklung von Qualitätsprüfungen externe unabhängige Auditoren bereitstellen sowie unter Umständen auch Zertifizierungen vornehmen. Die in der Praxis angewandten Evaluationsverfahren beruhen zumeist sowohl auf Selbstreflexion als auch auf Fremdbegutachtung und sie sollen Rückkoppelungen für die Qualitäts-, Organisations- und Personalentwicklung ermöglichen.
- **Akkreditierungsräte**: Sie sind Gremien, die eine offizielle Anerkennung von Studiengängen aussprechen können. Sie entscheiden meist auf Basis der Einhaltung formaler Mindeststandards und entfalten somit eine minimalqualitätssichernde Wirkung insbesondere für die Lehre.

2.4. Institutionen des wissenschaftlichen Diskurses

Wissenschaftliche Arbeit braucht neben Finanziers, politischem Rückhalt und begleitendem Management eigene Institutionen, die dafür sorgen, dass zumindest die interessierte Öffentlichkeit und die Fachkollegenschaft Zugang zu den neu gewonnenen Erkenntnissen erhält. Ohne diese Einrichtungen fiele die kritische Prüfung, aber auch der Wissenstransfers viel schwerer bzw. wäre gänzlich unmöglich. Zu dieser Kategorie von Institutionen zählen:

- **Wissenschaftliche Gesellschaften:** Sie sind meist als Vereine organisiert. Sie bieten in der Regel Foren für die Präsentation von Forschungsresultaten, indem sie Newsletter verbreiten, Seminare und Tagungen veranstalten oder Publikationsorgane heraus- und Auszeichnungen vergeben.
- **Wissenschaftliche Kongresse, Konferenzen, Tagungen, Symposien:** Sind Zusammenkünfte von ExpertInnen eines bestimmten Fachgebietes, wo entweder vor allen versammelten TeilnehmerInnen in Plenarsitzungen oder in Parallelsitzungen vor gleichzeitig nebeneinander tagenden Teilgruppen Vorträge präsentiert und diskutiert werden. Üblicherweise begleitet ein als Moderator (Chairman)/eine als Moderatorin fungierende/r WissenschafterIn bei jeder Sitzung durch deren Programm. Er/Sie sorgt für eine Kurzvorstellung der ReferentInnen sowie für Einhaltung der Zeitdisziplin und für die Leitung der zuallermeist an die Präsentationen anschließenden Diskussionen.

  Solche Veranstaltungen stehen in der Regel unter einem mehr oder minder spezifischen Thema, welches oft schon mehrere Jahre im Vorhinein fixiert wird.

Dadurch entfalten Kongress- respektive Tagungsveranstalter unwillkürlich gewisse kanalisierende Effekte auf die inhaltliche Ausrichtung wissenschaftlicher Arbeit. Ebenso können durch Einladungen an renommierte ReferentInnen inhaltliche Signale an die scientific community übermittelt werden.

Im Vorfeld derartiger Events publizieren die VeranstalterInnen (in wissenschaftlichen Zeitschriften und auf eigenen Homepages) in der Regel Aufrufe, bis zu einem bestimmten Stichtag zum Veranstaltungsthema passende Beiträge einzureichen (sogenannter Call for papers). Wer einschlägige Forschungsarbeiten präsentieren möchte, schickt je nach Vorgabe des Veranstalters eine Kurzfassung (Summary), eine erweiterte Kurzfassung (Extended Abstract) oder einen ausformulierten Beitrag (Full Paper) ein. Im Falle qualitätsvoller Veranstaltungen werden die anonymisierten eingereichten Arbeiten von GutachterInnen beurteilt und nur die besten zur Präsentation zugelassen. Diese Auswahlentscheidungen können abermals Lenkungseffekte nicht nur für die inhaltliche Ausrichtung wissenschaftlichen Arbeitens, sondern indirekt sogar für das persönliche Fortkommen von WissenschafterInnen bewirken. Im Anteil der abgelehnten Arbeiten an der Gesamtzahl aller eingereichten Beiträge kommt die Selektivität der Veranstaltung – ebenfalls ein Kriterium für deren Rang und Qualität – zum Ausdruck. Andere Qualitätsmerkmale beziehen sich auf den Ruf des Veranstalters und auf die Zusammensetzung jenes wissenschaftlichen Gremiums, das die wissenschaftliche Organisationsverantwortung trägt, wie groß es ist, wie international seine Beschickung ausfällt und welche Anerkennung seine Mitglieder in der Fachwelt genießen. Schließlich lassen die Regelmäßigkeit, mit der eine solche Veranstaltung stattfindet, die Teilnehmerzahl sowie das Faktum, ob die Beiträge zusätzlich publiziert werden und wenn, in welcher Art diese Veröffentlichung erfolgt, auf die Güte einer solchen Veranstaltung zurückschließen.

Im Wissenschaftsbetrieb erfüllen Kongresse, Konferenzen und Tagungen wichtige Funktionen, denn sie ermöglichen,

- Resultate neuester Forschungen zu präsentieren, rasch zu verbreiten sowie unmittelbar zur Debatte zu stellen;
- relativ unkompliziert und direkt Fachmeinungen auszutauschen;
- sich kompakt und verhältnismäßig einfach einen Überblick über den aktuellen Stand des Wissens zu einem Themenfeld zu verschaffen;
- dem wissenschaftlichen Nachwuchs selbst bekannt zu werden, andere an ähnlichen Themen Arbeitende kennen zu lernen und neue Kontakte zu knüpfen;
- Netzwerke innerhalb der Fachkollegenschaft aufzubauen und zu pflegen.

- **Wissenschaftsverlage:** Dabei handelt es sich um Medienunternehmen, die entweder in Form von Lehr- oder Fachbüchern oder in Gestalt von gedruckten bzw. elektronischen Zeitschriften wissenschaftliche Werke vervielfältigen oder verbreiten. Sie erwerben per Vertrag von den Urhebern des wissenschaftlichen Oeuvres ein Nutzungsrecht am Werk, stellen dieses her, indem sie es für die Publikation vorbereiten und dann drucken oder auf einem Server platzieren lassen und schließlich sorgen sie üblicherweise für die Finanzierung, die Werbung und den Vertrieb. Zur Qualitätssicherung bedienen sich die Verlage im Vorfeld einer Publikation meistens eines Peer-Reviews.

  Das heißt, der Herausgeber/die Herausgeberin einer wissenschaftlichen Zeitschrift sichtet die von den AutorInnen eingereichten Manuskripte. Sofern ihm/ihr ein Beitrag grundsätzlich für die Veröffentlichung geeignet erscheint, wählt er/sie abhängig vom Thema fachlich auf dem gleichen Gebiet arbeitende ExpertInnen als GutachterInnen (=Referees oder Reviewer) aus. Diese meist freiwillig und unentgeltlich tätigen Reviewer bekommen den Beitrag in der Regel anonymisiert, also ohne Nennung des bzw. der AutorInnennamens, zugesandt (sogenanntes blind review). Die vielfach ebenfalls anonym bleibenden GutachterInnen („double-blind-Verfahren“) lesen die Arbeit durch, merken Kritik an, bringen Hinweise auf Kürzungs- oder Ergänzungsmöglichkeiten an, machen allenfalls Verbesserungsvorschläge und geben im Endeffekt eine begründete Empfehlung ab, ob das Manuskript mit bzw. ohne vorherige Überarbeitung zum Druck anzunehmen oder gänzlich abzulehnen ist. Dieses Vorgehen soll qualitätssichernde Effekte bewirken und verleiht einer Zeitschrift in der Fachwelt einen besseren Ruf, als ihn Publikationen besitzen, die ohne ein solches Verfahren auskommen. Kritik entzündet sich an dieser Prozedur zum einen, weil besonders innovative, nicht im Mainstream gelegene Arbeiten unter Umständen keine Anerkennung bei GutachterInnen finden, zum anderen, weil durch die Begutachtungs- und Überarbeitungsschritte das Erscheinen relativ lange (manchmal Jahre) hinausgezögert wird, schließlich, weil trotzdem immer wieder auch bei sehr renommierten Journalen äußerst fragwürdige Arbeiten durchrutschen, die sich im Nachhinein womöglich als gefälscht erweisen.

2.5. Typisierung wissenschaftlicher (Forschungs-)Arbeiten nach organisatorischen Gesichtspunkten

Die wissenschaftliche Arbeit und hier insbesondere die Forschung unterliegt nicht nur im Hinblick auf ihre inhaltliche Ausrichtung verschiedensten Einflüssen aus ihrem institutionellen, gesellschaftlichen und zeitlichen Umfeld. (Die Wissenschaft folgt ja manchmal zeitgeistigen Modeströmungen!) Auch was ihre organisatorische Ausformung betrifft, ist wissenschaftliche Arbeit aus dem Wechselspiel mit ihrem Umfeld so geprägt, dass sich recht deutlich verschiedene Typen unterscheiden lassen. Dabei bieten sich mehrere Kriterien an, nach denen solche Typenbildungen erfolgen können (vgl. Abbildung 8).

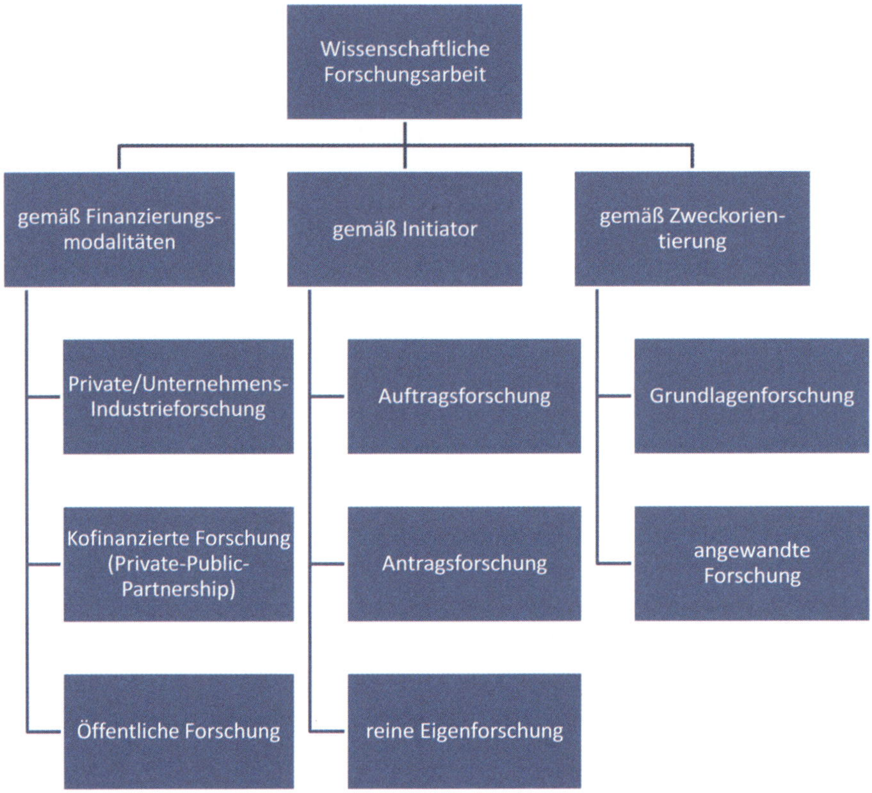

Abbildung 8: Ausgewählte Typisierungsmöglichkeiten wissenschaftlicher Forschungsarbeit

- Nach dem Kriterium der **Zweckorientierung** ist zu trennen zwischen:
  - **Grundlagenforschung:** Sie präsentiert sich als zweckfreies Bemühen um Erkenntnisgewinn und wird vorwiegend an Universitäten oder von gemeinnützigen Forschungsorganisationen quasi als l'art pour l'art betrieben. Sie sucht neue Kenntnisse, ohne gleich deren Brauchbarkeit im Auge zu haben; sie schafft damit aber erfahrungsgemäß ein wichtiges Fundament für angewandte Forschung und Entwicklung.
  - **Angewandte Forschung:** Sie umfasst die zweckgerichtete Erkenntnissuche, die umsetzungsorientiert praktische Probleme lösen hilft und die häufig auch von Haus aus auf eine ökonomische Verwertung ihrer Resultate gerichtet ist.

  Zwischen Grundlagen- und angewandter Forschung bestehen Wechselwirkungen: Während die Grundlagenforschung – wie eben zuvor angemerkt – Erkenntnisse liefert, bei denen die angewandte Forschung anknüpfen kann, gehen umgekehrt von der angewandten Forschung immer wieder Impulse für die Grundlagenforschung aus.

- Nach dem Umstand, von wo die **Initiative für eine wissenschaftliche Arbeit** ihren Ausgang nimmt, lässt sich differenzieren zwischen:
  - **Auftragsforschung:** In ihrem Falle artikuliert ein/e externe/r AuftraggeberIn den Bedarf nach bestimmten Erkenntnissen oder Problemlösungen. Das kann entweder durch direktes Herantreten an eine/n bestimmte/n WissenschafterIn geschehen oder (das kann) mittels Ausschreibung vonstatten gehen. Ein/e WissenschafterIn oder eine Forschungseinrichtung legt daraufhin zuerst ein Offert und übernimmt dann nach formaler Auftragserteilung (meist per schriftlichem Vertrag) die Aufgabe, entsprechende Untersuchungen durchzuführen.
  - **Antragsforschung:** Dieser Organisationstyp zeichnet sich dadurch aus, dass ein/e WissenschafterIn ein Forschungsvorhaben zunächst selbst nach seinen/ihren eigenen Vorstellungen definiert und hierauf mit einer Beschreibung seiner/ihrer Absichten bei Institutionen des Wissenschaftsmanagements die Zuweisung jener Ressourcen beantragt, die er/sie zur Verwirklichung seiner/ihrer Pläne benötigt. Die Institutionen prüfen die Anträge, lassen sie meist von (internationalen) ExpertInnen begutachten und gewähren dann den am besten beurteilten Projekten Unterstützung.
  - **Reine Eigenforschung:** Bei dieser Form der Forschung geht nicht nur die Initiative für das Erkenntnisstreben von dem/der WissenschafterIn selbst aus, sondern die Arbeit sowie sämtliche Aufwendungen werden auch zur Gänze von ihm/ihr (bzw. von der Arbeitsstelle) getragen.

- Nach den **Finanzierungsmodalitäten** ist zu unterscheiden zwischen:
  - **Rein private Eigenforschung**: Bei dieser Art der Forschung stoßen die WissenschafterInnen nicht nur das Erkenntnisstreben selbst an, sondern sie tragen auch zur Gänze die Arbeit sowie sämtliche Kosten.
  - **Kofinanzierte Forschung**: Sie liegt immer dann vor, wenn die monetären Aufwendungen für wissenschaftliche Arbeiten zu geteilter Hand aus privatem Eigenanteil kombiniert mit öffentlichen Zuschüssen bestritten werden.
  - **Öffentliche Forschung**: Hier deckt die Allgemeinheit sämtliche Kosten der wissenschaftlichen Arbeit aus Budgetmitteln.

Typenabhängig wird die externe Einflussnahme auf die wissenschaftliche Arbeit unterschiedliches Gewicht besitzen. Insofern besitzt die Kenntnis, unter welchem forschungsorganisatorischen Typus Erkenntnisse gewonnen wurden, eine gewisse Relevanz für die Beurteilung von Resultaten wissenschaftlicher Arbeiten, gerade im Hinblick auf ihre Interessengebundenheit: So haben sich in der Vergangenheit z.B. Befunde über die Gesundheitsschädlichkeit des Rauchens widersprüchlich dargestellt, je nachdem, ob etwa Sozialversicherungsträger oder die Tabakindustrie im Hintergrund der Arbeiten involviert waren.

2.6. Wissenschaftliche Arbeit als berufliche Option

Wer sich berufen fühlt, Wissenschaft zu betreiben, kann mit Engagement sowie mit einem Quäntchen Glück sein Erkenntnisstreben zum Beruf machen, vorausgesetzt er bzw. sie qualifiziert sich entsprechend und ein Arbeit- respektive Auftraggeber oder Mäzen gibt ihr bzw. ihm eine Chance. Was die Qualifikation betrifft, so wird einen im Regelfall ein (Fach)Hochschul- oder Universitätsstudium an eine Wissenschaftskarriere heranführen (vgl. Abbildung 9).

- Nach den ersten Abschlüssen auf dem **Bachelor-** (nach 3 oder 4 Studienjahren und nach Approbation einer Bachelor- respektive Laureatsarbeit) bzw. **Master-Level** (nach weiteren zwei Studienjahren und nach Annahme einer Diplomarbeit) kann man sich erste Sporen als wissenschaftliche MitarbeiterIn im Forschungs- und Lehrbetrieb oder als DoktorandIn verdienen. Zuvor können jene, die sich zur Wissenschaft hingezogen fühlen, schon während der Ausbildung erste Erfahrungen sammeln. Sie können neben dem eigenen Studium Ferialpraktika in diversen Forschungseinrichtungen machen, aber auch Teilzeitjobs, etwa als TutorInnen, als wissenschaftliche Hilfskräfte oder als StudienassistentInnen an der Universität übernehmen.
- Der **Erwerb des Doktorats** ist die nächste Hürde einer akademischen Laufbahn. Sieht man vom Sonderfall der Humanmediziner ab (die keine vorherigen

Abschlüsse kennen und keine eigene wissenschaftliche Arbeit verfassen müssen) so ist während eines meist mindestens dreijährigen Doktoratsstudiums eine eigene als **Dissertation** bezeichnete wissenschaftliche Schrift (oder im Falle einer sogenannten kumulativen Dissertation eine Serie von Artikeln in anerkannten Fachzeitschriften) zu verfassen. Nach deren Begutachtung, nach deren öffentlicher Verteidigung (Defensio), wie sie an manchen Universitäten üblich ist, und nach deren Approbation sowie nach Bestehen einer entsprechenden Prüfung (Rigorosum) erfolgt die Promotion, die Verleihung des Doktortitels.

- Die nächste Sprosse auf dem Weg zu höheren akademischen Weihen führt – im deutschen Sprachraum – in der sogenannten **Post-Doc-Phase** über eine **Habilitation** zur **Verleihung der Lehrbefugnis** (venia docendi). Das angelsächsische, insbesondere US-amerikanische Bildungssystem kennt diese Stufe nicht, sondern praktiziert das Tenure-Track, wonach ein Uni-Lehrer einen zeitlich befristeten Vertrag (in der Regel 6 bis 7 Jahre) als Assistant Professor mit einer festen Laufbahnzusage im Bewährungsfall bekommt, sodass er hierauf zum Associate bzw. Full Professor aufsteigen kann. Um sich zu habilitieren, sind umfangreiche eigenständige Forschungsarbeiten zu leisten, was sich unter anderem in entsprechenden Veröffentlichungen und in adäquater Lehrtätigkeit niederschlagen muss. Plakativ gesprochen gilt spätestens ab dieser Phase die Devise „Publish or perish". Außerdem gilt es, internationale Erfahrungen zu sammeln, selbst Projekte zu organisieren und Drittmittel einzuwerben. In ihren Habilitationsordnungen definieren die Universitäten und Fakultäten eigene Vorgaben und Verfahren, die für den Erwerb der Habilitation anzuwenden sind. Wer ein solches Verfahren erfolgreich abgeschlossen hat, bekommt dann den DozentInnentitel.
- Die oberste Stufe der akademischen Karriere bildet eine **Professur.** Üblicherweise schreiben die Universitäten ProfessorInnenstellen international aus. Jene, die sich für geeignet halten, können sich dann um diese Position bewerben. Aus dem Kreis der eingelangten Bewerbungen wird nach Einholung von Gutachten eine Gruppe jener KandidatInnen, die in die engere Wahl kommen, zu Probevorlesungen und Hearings vor einer Berufungskommission eingeladen. Diese Kommission erstellt in der Folge üblicherweise einen Dreiervorschlag, auf dessen Basis dann Berufungsverhandlungen (meist zunächst mit dem Erstgereihten) geführt werden. Nach erfolgreichem Abschluss eines Arbeitsvertrages bekleidet der oder die Betreffende dann das Amt eines Professors bzw. einer Professorin.

Wie man aus dieser Beschreibung indirekt ersieht, nimmt die Komplexität der zu bearbeitenden Themen von Sprosse zu Sprosse der Karriereleiter zu. Gleichzeitig wachsen die Eigenständigkeit, die Führungsverantwortung, die Erfolgserwartung und die Anforderungen an Kreativität und Originalität, aber auch das Risiko des Scheiterns. Wen die

Begeisterung und das Interesse für sein Fach tragen, der kann freilich Genugtuung, Befriedigung, Ruhm und Ansehen erlangen. Die persönliche Reputation von WissenschafterInnen leitet sich heute in hohem Maße ab von

- der Zahl der Publikationen, dem Renommee der Journale, in denen man publiziert und von der Häufigkeit, mit der die eigenen Arbeiten von anderen zitiert werden,
- dem Umfang an eingeworbenen Drittmitteln,
- den Studierenden und Absolventen, die man betreuen durfte,
- dem Ruf, den jene Forschungsstätte, an der man tätig ist, genießt,
- den Preisen und Auszeichnungen, die jemand erhalten hat,
- dem Medienecho, das die Forschungsergebnisse nach sich ziehen.

Als Fazit über die Einflussnahme des Wissenschaftsbetriebes auf die individuelle wissenschaftliche Arbeit jeder Wissenschafterin bzw. jedes Wissenschafters lässt sich festhalten: Solange man weder Mittel noch Aufmerksamkeit beansprucht, darf man innerhalb relativ breiter Schranken der Rechtsordnung weitgehend frei tun und lassen, was man will. Möchte man aber auch nur eines von beidem, Geld oder öffentliche, womöglich anerkennende Zuwendung, dann sieht man sich mit verschiedensten mehr oder minder subtilen Lenkungsmechanismen konfrontiert. Wieweit man als WissenschafterIn Unabhängigkeit wahrt oder solchen externen Einflüssen nachgibt, bleibt wiederum eine freie, höchstpersönliche Entscheidung. Sie zugunsten der Ungebundenheit und Gedankenfreiheit zu fällen, verlangt allerdings umso mehr Mut, je mehr man existenziell vom Beruf des/der WissenschafterIn abhängt und je näher man noch dem Beginn einer WissenschafterInnenlaufbahn steht.

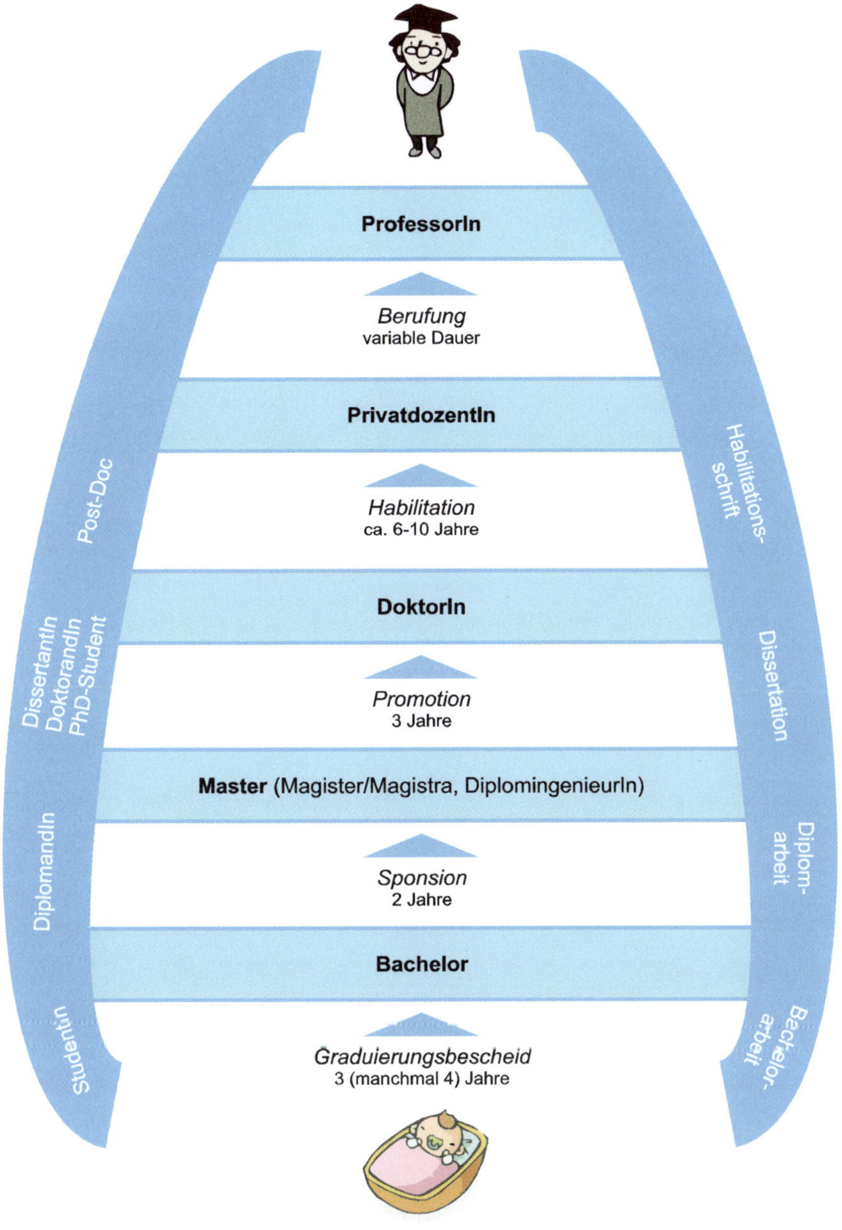

Abbildung 9: Akademische Karriereleiter für WissenschafterInnen

> ***„Nur im Wörterbuch kommt Erfolg vor Fleiß."***
> ***Vidal Sassoon (*1928)***

2.7. Wiederholungsfragen

1. ***An welche der genannten Stellen können Sie unter Erfüllung der jeweiligen Voraussetzungen Ansuchen um finanzielle Fördermittel für Ihr Forschungsvorhaben stellen?***

a) FWF
b) Forschungsförderungsgesellschaft
c) Rentenfonds
d) Fonds der Wiener Kaufmannschaft
e) Jubiläumsfonds der Österreichischen Nationalbank
f) Investmentfonds

2. ***Kongresse, Konferenzen und Tagungen ermöglichen es WissenschafterInnen,***

a) ihre neuesten wissenschaftlichen Erkenntnisse vor Fachpublikum zu präsentieren
b) Fachmeinungen auszutauschen
c) Netzwerke aufzubauen
d) den aktuellen Forschungsstand zu einem Thema zu erfassen

3. ***Eine Wissenschafterin möchte für ein von ihr selbst definiertes Forschungsvorhaben um finanzielle Mittel bei geeigneten Stellen ansuchen. Diese Vorgehensweise nennt man***

a) Auftragsforschung
b) Antragsforschung

4. ***Welchen Typen von wissenschaftlicher Forschungsarbeit ist nachstehendes Forschungsvorhaben zuzuordnen: Eine vermögens- und einkommenslose Forscherin hat aufgrund ihres Ansuchens von der Österreichischen Akademie der Wissenschaften eine Finanzierung für eine Grundlagenstudie erhalten, welche die Kontextabhängigkeit und die Bedeutung des Zirpens von Grillen analysiert.***

a) private Forschung
b) Auftragsforschung
c) Industrieforschung
d) angewandte Forschung
e) Überprüfung von Hypothesen
f) umsetzungsorientierte Forschung

5. ***Aus welchen Gründen entzündet sich immer wieder Kritik am Peer-Review-Verfahren?***

a) weil es Arbeit macht
b) weil besonders originelle, bahnbrechende Arbeiten von GutachterInnen leichter abgelehnt werden
c) weil es der Qualitätssicherung wissenschaftlicher Zeitschriften dient
d) weil wissenschaftliche Arbeiten einer ExpertInnenprüfung unterzogen werden
e) weil sich deswegen die Veröffentlichung wissenschaftlicher Arbeiten zeitlich hinzieht
f) weil trotz allem immer wieder gefälschte Arbeiten erscheinen

6. ***Welche Aktivitäten finden üblicherweise als Teil der Organisation hochwertiger wissenschaftlicher Tagungen oder renommierter Kongresse in deren Vorfeld statt?***

a) unspezifische Literaturrecherchen
b) Veröffentlichung eines Call for papers
c) Selektion von Beiträgen aufgrund eingesandter erweiterter Kurzfassungen
d) generelle Methodenentwicklung
e) Überprüfung von Hypothesen
f) anonymisierte Begutachtung eingereichter Beiträge

Lösungen zu den Wiederholungsfragen siehe Seite 159f.

3. *Richtlinien zur Sicherung der guten wissenschaftlichen Praxis*

> ***„Der Wissenschaftler muss durch sein Handeln immer wieder kund tun, dass er zum humanen Teil der Menschheit gehört." Johann Wolfgang von Goethe (1749-1832)***

Das Kapitel über *Richtlinien zur Sicherung der guten wissenschaftlichen Praxis* beantwortet folgende Leitfragen:

- ? Inwiefern und weshalb trifft WissenschafterInnen eine spezielle Verantwortung?
- ? Wer legt welche spezifischen Verhaltensregeln für in der Wissenschaft Tätige fest?
- ? Was gilt aus welchen Gründen als verpöntes oder/und strafbares wissenschaftliches Fehlverhalten?
- ? Wann und warum gleitet Wissenschaft ins ethisch Zweifelhafte oder gar Kriminelle ab?

Die Darstellung der *Richtlinien zur Sicherung der guten wissenschaftlichen Praxis* verfolgt nachstehende Lernziele:

- über die Prinzipien guter wissenschaftlicher Praxis Bescheid wissen
- jene eminente Rolle begreifen, die dem individuellen Gewissen der Forscherpersönlichkeit für das wissenschaftliche Arbeiten zukommt
- wissenschaftliches Fehlverhalten als solches erkennen und von bloßen Irrtümern unterscheiden können
- Bewusstsein für rechtliche Konsequenzen und ethische Fragwürdigkeit von Plagiaten entwickeln
- Einsichten in die Entstehungsgründe wissenschaftlichen Fehlverhaltens gewinnen
- Gründe für Ächtung inkorrekten Handelns verstehen
- unlautere Praktiken klassifizieren können
- Institutionen zur Entwicklung und Überwachung ethischer Verhaltensregeln im Wissenschaftsbetrieb kennen

Mit der Betonung privatwirtschaftlicher Komponenten, mit dem Forcieren des Wettbewerbs innerhalb des Wissenschaftsbetriebes und mit steigendem Leistungsdruck auf karrierebewusste WissenschafterInnen scheint unlauteres Verhalten, wie bewusste Fälschungen oder vorsätzlicher Betrug in der Wissenschaft vermehrt aufzutreten. Dabei mögen höchst unterschiedliche, individuelle Motive zum Tragen kommen wie übertriebener Ehrgeiz, Geltungsdrang, Streben nach raschem Ruhm, aber auch Sensationshascherei respektive Geldgier oder politische Willfährigkeit, schlichte Faulheit und Bequemlichkeit sowie der Mittelbedarf zur Finanzierung der eigenen wissenschaftlichen Organisation, können Anlass geben, sich mit Federn fremder Urheberschaft zu schmücken, Daten frei zu erfinden oder zu „verschönern".

Die Wissenschaft erhebt den Anspruch, mit ihren Erkenntnissen zur Entwicklung der Gesellschaft beizutragen. Damit übernehmen WissenschafterInnen ein hohes Maß an Verantwortung für Gesellschaft und Umwelt. Zu ihrer Wahrnehmung haben verschiedene Institutionen Richtlinien zur Sicherung der guten wissenschaftlichen Praxis erlassen. In diesem Zusammenhang hat die Deutsche Forschungsgemeinschaft (DFG) für den deutschsprachigen Raum eine gewisse Vorreiterrolle übernommen. In der Folge haben in Österreich die Österreichische Rektorenkonferenz (heute Österreichische Universitätenkonferenz), der Fonds zur Förderung der wissenschaftlichen Forschung und die meisten österreichischen Universitäten ebenfalls einen solchen Verhaltenskodex erarbeitet.

3.1. Prinzipien wissenschaftlichen Arbeitens

Allgemeine Prinzipien in diesen Kodices sind (DFG 1998, 4ff, ÖRK 2001, 1f, FWF 2006, s.p., Universität für Bodenkultur 2004, s.p.):

- Ehrlichkeit im gesamten wissenschaftlichen Prozess zu wahren,
- Arbeitsschritte und Resultate zu dokumentieren,
- alle Ergebnisse kritisch zu hinterfragen,
- geistiges Eigentum und Urheberschaft an Forschungsanträgen, -vorhaben und unveröffentlichten Forschungsergebnissen nicht zu verletzen – keine unautorisierte Verwendung fremder Ideen, Daten und Ergebnisse,
- veröffentlichte wissenschaftliche Arbeiten sowie persönliche Auskünfte korrekt zu zitieren,
- die maßgebliche Mitarbeit an wissenschaftlichen Veröffentlichungen durch das Recht auf (Mit-)AutorInnenschaft anzuerkennen,
- wissenschaftlichen Nachwuchs zu fördern,
- Primärdaten zu sichern und mindestens 10 Jahre aufzubewahren.

Im Detail hat die Österreichische Rektorenkonferenz (ÖRK 2001, 1f) unter anderem folgende Regeln beschlossen:

- „Jede Leiterin und jeder Leiter eines wissenschaftlichen Bereiches hat sich wissenschaftlich vorbildlich zu verhalten. Studierende und Nachwuchswissenschaftler müssen im Interesse ihrer eigenen Zukunftsplanung auch selber wachsam gegenüber möglichem Fehlverhalten in ihrem Umfeld sein.

- Wer eine Arbeitsgruppe leitet, trägt Verantwortung dafür, dass für Graduierte, Promovenden und Studierende eine angemessene Betreuung gesichert ist. Für jede oder jeden von ihnen muss es in der Arbeitsgruppe eine primäre Bezugsperson geben, die ihr oder ihm auch die Grundsätze zur Sicherung guter wissenschaftlicher Praxis vermittelt."

  „Als Autoren einer wissenschaftlichen Originalveröffentlichung sollen alle diejenigen, aber auch nur diejenigen, firmieren, die zur Konzeption der Studien oder Experimente, zu Erarbeitung, Analyse und Interpretation der Daten und zur Formulierung des Manuskripts selbst wesentlich beigetragen und seiner Veröffentlichung zugestimmt haben, d.h. sie verantwortlich mittragen. Einige Zeitschriften verlangen, daß dies durch Unterschrift aller Autoren bekundet wird, andere verpflichten jedenfalls den korrespondierenden Autor als den für alle Einzelheiten einer Publikation Verantwortlichen zu einer entsprechenden Versicherung. Für den Fall, daß nicht alle Koautoren sich für den gesamten Inhalt verbürgen können, empfehlen manche Zeitschriften, die Einzelbeiträge kenntlich zu machen. Mit dieser Definition von Autorschaft werden andere – auch wesentliche – Beiträge wie

  - Verantwortung für die Einwerbung der Förderungsmittel,
  - Beitrag wichtiger Untersuchungsmaterialien,
  - Unterweisung von Mitautoren in bestimmten Methoden,
  - Beteiligung an der Datensammlung und -zusammenstellung,
  - Leitung einer Institution oder Organisationseinheit, in der die Publikation entstanden ist,

  für sich allein nicht als hinreichend erachtet, Autorschaft zu rechtfertigen" (DFG 1998, 16).

- Gruppenzitierungen, in denen ausschließlich bzw. fast ausschließlich wissenschaftliche Arbeiten aus der eigenen bzw. befreundeten Gruppe zitiert werden, sind zu vermeiden.

Damit diese Grundsätze eingehalten werden, setzen WissenschafterInnen auf entsprechende Bewusstseinsbildung und Selbstkontrolle. Teilweise recht spektakuläre Fälle von Fehlverhalten und Betrug belegen, dass die Einhaltung der Prinzipien guter wissenschaftlicher Praxis nicht selbstverständlich ist. Vielmehr lässt sich beobachten, dass ein verschärfter Wettbewerb um Forschungsgelder zu einer Zunahme von Betrugsfällen in der Wissenschaft führt (Hochadel 1999, s.p.) und dass die Nutzung des Internets zur Missachtung des Urheberrechts verleitet, getreu der scherzhaften Theorie: „Aus einem Buch abschreiben ist ein Plagiat, aus zwei ein Essay, aus drei eine Kompilation und aus vier eine Dissertation" (Ferk 2007, s.p.).

3.2. Wissenschaftliches Fehlverhalten

Verschiedene Phänomene fallen in die Kategorie des wissenschaftlichen Fehlverhaltens (Universität für Bodenkultur 2004, s.p.):

„1) Wissenschaftliches Fehlverhalten liegt vor, wenn in einem wissenschaftserheblichen Zusammenhang bewusst oder grob fahrlässig Falschangaben gemacht werden, geistiges Eigentum anderer verletzt oder sonstwie deren Forschungstätigkeit beeinträchtigt wird, insbesondere durch

- Falschangaben wie
  - das Erfinden von Daten,
  - das Verfälschen von Daten, z.B. durch Auswählen und Zurückweisen unerwünschter Ergebnisse, ohne diese offen zu legen, oder durch Manipulation einer Darstellung oder Abbildung,
  - unrichtige Angaben in einem Bewerbungsschreiben oder einem Förderantrag (einschließlich Falschangaben zum Publikationsorgan und zu in Druck befindlichen Veröffentlichungen),
- die Verletzung geistigen Eigentums in Bezug auf ein von einem Anderen geschaffenes, urheberrechtlich geschütztes Werk oder von anderen stammende wesentliche wissenschaftliche Erkenntnisse, Hypothesen, Lehren oder Forschungsansätze wie
  - die unbefugte Verwertung unter Anmaßung der AutorInnenschaft (Plagiat),
  - die Ausbeutung von Forschungsansätzen und Ideen, insbesondere als Gutachter (Ideendiebstahl),
  - die Anmaßung oder unbegründete Annahme wissenschaftlicher AutorInnen- oder MitautorInnenschaft,
  - die Verfälschung des Inhalts,
  - die unbefugte Veröffentlichung und das unbefugte Zugänglichmachen gegenüber Dritten, solange das Werk, die Erkenntnis, die Hypothese, die Lehre oder der Forschungsansatz noch nicht veröffentlicht sind, oder
  - die Inanspruchnahme der (Mit-)AutorInnenschaft eines anderen ohne dessen Einverständnis,
- die Sabotage von Forschungstätigkeit, einschließlich des Beschädigens, Zerstörens oder Manipulierens von Versuchsanordnungen, Geräten, Unterlagen, Hardware, Software, Chemikalien oder sonstiger Sachen, die ein anderer zur Durchführung eines Experiments benötigt, sowie

- die Beseitigung von Primärdaten, sofern damit gegen gesetzliche Bestimmungen oder disziplinbezogen anerkannte Grundsätze wissenschaftlicher Arbeit verstoßen wird.

2) Wissenschaftliches Fehlverhalten besteht auch in einem Verhalten, aus dem sich eine Mitverantwortung für das Fehlverhalten anderer ergibt, insbesondere durch aktive Beteiligung, Mitwissen um Fälschungen, MitautorInnenschaft an fälschungsbehafteten Veröffentlichungen oder grobe Vernachlässigung der Aufsichtspflicht."

Die Folgen später aufgedeckten wissenschaftlichen Fehlverhaltens reichen vom relativ harmlosen Prestigeverlust bei kleineren Verstößen bis zur Aberkennung akademischer Titel, zu Verwaltungsstrafen, ja sogar bis zur fristlosen Entlassung im Falle schwerwiegender Vergehen.

„Es genügt nicht, sich keine Gedanken zu machen. Man muss auch unfähig sein, sie auszudrücken."
Karl Kraus (1874-1936)

3.3. Wiederholungsfragen

1. *Was fällt den Richtlinien zur Sicherung der guten wissenschaftlichen Praxis zufolge unter wissenschaftliches Fehlverhalten?*

a) das zumindest grob fahrlässige „Übersehen" von die eigenen Hypothesen widerlegenden evidenten Fakten
b) das offene Benennen von Zweifeln an einer selbst entwickelten Theorie
c) die Aufnahme von StudienkollegInnen, die nicht dazu gekommen sind, ihren Textpart einer Gruppenarbeit zu verfassen, in die Liste der AutorInnen
d) die Entsorgung von ausgefüllten Fragebögen gleich nach deren Auswertung
e) Rechenfehler
f) ausschließliches Zitieren der eigenen ForscherInnengruppe

2. *Welche Trends begünstigen ethisch zweifelhafte wissenschaftliche Praktiken?*

a) der vermehrte Einsatz von Evaluation als politische Entscheidungsgrundlage
b) weltweite Rezessionserscheinungen
c) generelle Privatisierungsbemühungen im Bildungssystem
d) Sensibilisierung der Bevölkerung
e) das Vordringen moderner Kommunikationstechnologien, insbesondere des Internets
f) die gesteigerte Sensationslust der Massenmedien

3. *Den Richtlinien zur Sicherung einer guten wissenschaftlichen Praxis handelt jemand zuwider, wenn er/sie*

a) unabsichtlich ein Zitat zu kennzeichnen vergessen hat
b) sich bei einer komplexen Formel verrechnet hat
c) Messwerte bewusst gröber gerundet hat, um keine Widersprüche zu eigenen Hypothesen zu haben
d) sich als Koautor reklamiert hat, weil er/sie die kaufmännische Haftung für die Finanzierung des Forschungsvorhabens übernommen hatte
e) unter Angabe der Quellen grundlegende Ideen für eine wissenschaftliche Untersuchung von anderen übernimmt
f) ausschließlich Arbeiten persönlicher Freunde zitiert

4. *Als was ist es den Richtlinien guter wissenschaftlicher Praxis zufolge zu qualifizieren, wenn Studierende einige Absätze aus dem Internet kopieren und vorsätzlich ohne Quellenverweis in eine Seminararbeit einfügen?*

a) als Missachtung des Urheberrechtes
b) als entschuldbares Versehen
c) als Plagiat
d) als tolerierbare gängige Praxis
e) als Verletzung fremden geistigen Eigentums
f) als Sabotage

Lösungen zu den Wiederholungsfragen siehe Seite 159f.

4. *Wissenschaftliches Arbeiten als Prozess*

„Die Wissenschaft fängt eigentlich erst da an, interessant zu werden, wo sie aufhört."
Justus von Liebig (1803-1873)

Das Kapitel über *Wissenschaftliches Arbeiten als Prozess* beantwortet folgende Leitfragen:

? Welche typischen Abschnitte sind während des Vorganges der Erkenntnisgewinnung zu unterscheiden?

? Welche Tätigkeiten und welche Befindlichkeiten charakterisieren jeweils die einzelnen Phasen der Erkenntnisgewinnung?

? Welche prinzipiellen Formen der Forschungslogik können der Abfolge von Arbeitsschritten zu Grunde liegen?

? In welcher Reihenfolge setzen Forscher üblicherweise ihre Arbeitsschritte?

Die Darstellung der *Prozesshaftigkeit wissenschaftlichen Arbeitens* verfolgt nachstehende Lernziele:

- Wissenschaftliche Vorhaben in Phasen einteilen können
- Einzelne Schritte einer Forschungsarbeit in einer sachlogischen und zweckmäßigen Reihenfolge anordnen können
- Konkrete Bemühungen um Erkenntnisgewinn als induktives oder deduktives Vorgehen respektive als Abduktion zu klassifizieren vermögen
- Fähigkeit, den verschiedenen Stadien einer wissenschaftlichen Arbeit charakteristische Aufgaben und typische Tätigkeiten zuzuordnen

4.1. Die Prozesshaftigkeit wissenschaftlicher Arbeit

Wissenschaft bezeichnet u.a. eine Reihe von Tätigkeiten, die zu neuen Erkenntnissen führen sollen. Solche Bündel von systematisch aufeinander abgestimmten und in eine klare Abfolge gebrachten Aktivitäten ergeben einen sogenannten *Prozess*. Wissenschaft als Prozess umfasst das Recherchieren und Lesen genauso wie das Suchen und Festlegen eines Forschungsthemas oder das Präzisieren von Forschungsfragen, das Auswerten relevanter Fachliteratur, das Gliedern eigener Gedanken, die Wahl geeigneter Untersuchungsverfahren oder das Erheben von Daten, das Testen von Annahmen, das Analysieren und Diskutieren erhaltener Resultate sowie das Schreiben, Präsentieren und Publizieren.

Die zweckmäßige Aneinanderreihung der, bei jeder wissenschaftlichen Betätigung zu erledigenden, zentralen Arbeitsschritte, diente als Richtschnur für die weitere Kapitelstruktur im vorliegenden Buch.

Ausgangspunkt und Motor des Forschungsprozesses ist stets ein Problem, eine Forschungsfrage. Diese wird auf wissenschaftliche Art und Weise, d.h. nach wissenschaftlichen Standards und Prinzipien mit Hilfe wissenschaftlicher Techniken und Verfahren bearbeitet oder gelöst. Dem Prozess des wissenschaftlichen Arbeitens liegt jeweils eine von zwei diametralen Orientierungen zugrunde (siehe Abbildung 10):

Entweder gehen WissenschafterInnen **deduktiv** vor, dann schließen sie vom Allgemeinen (der Hypothese, der Theorie) auf das Besondere (die Einzelfälle). Deduktion ist demnach ein Verfahren, aus bereits vorhandener Erkenntnis logisch etwas abzuleiten (Schülein und Reitze 2005, 254).

> „Nach dem Ansatz des ‚Kritischen Rationalismus', der diese Forschungslogik vertritt, lassen sich Hypothesen (insbesondere in Form von All-Aussagen, z.B. ‚Alle Studenten sind fleißig') nicht verifizieren, d.h. als wahr beweisen, weil nie alle denkbaren Fälle, Orte und Zeitpunkte untersucht werden können. Für eine Falsifikation ist dagegen nur ein einziger widersprüchlicher Fall notwendig. Aus der Falsifikation von Theorien – oder andererseits ihrer Bewährung, insofern eine Hypothese nicht widerlegt wurde – lassen sich aus dieser Sicht eindeutigere Erkenntnisse gewinnen als aus einem Versuch der Verifikation" (Burzan 2005, 28).

Oder die WissenschafterInnen arbeiten **induktiv** und schließen vom Besonderen, von Einzelfällen, auf das Allgemeine, auf eine Gesetzmäßigkeit oder zumindest Regelhaftigkeit.

> Abbildung 10 veranschaulicht Beispiele für deduktive bzw. induktive Erkenntnisgewinnung: Die Deduktion knüpft an einer generellen Feststellung an (etwa daran, dass alle Menschen sterblich sind oder dass alle Frösche zu den Reptilien gehören) und leitet daraus für einen spezifischen Fall (hier für den Menschen Sokrates oder für den Frosch Quaxi) eine spezielle Aussage ab („Sokrates ist sterblich" bzw. „Quaxi ist ein Reptil"). Genau den umgekehrten Weg beschreitet die Induktion. Sie geht von Einzelbeobachtungen aus (etwa vom Umstand dass Sokrates gestorben oder dass Quaxi ein Reptil ist) und schließt aus diesen speziellen Phänomenen auf generelle Regeln. Bei der Generalisierung ist darauf zu achten, dass man keine Fehlschlüsse zieht. Aus induktiv korrekt abgeleiteten generellen Regeln und Gesetzmäßigkeiten lassen sich konsequenterweise wiederum Rückschlüsse auf andere spezielle Einzelfälle (dann als Deduktion) vornehmen.

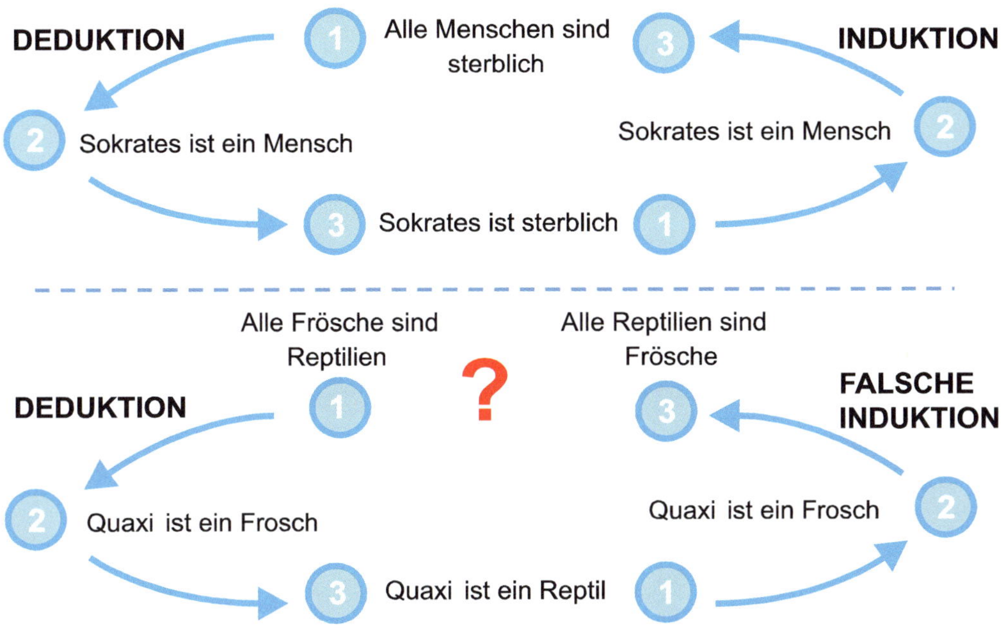

Abbildung 10: Induktives und deduktives Vorgehen in der Wissenschaft

Wissenschaftliche Arbeit beginnt nicht bei Null, sondern setzt auf dem bisherigen Stand der Forschung auf. Um diesen zu erfassen, recherchieren ForscherInnen nach Theorien, Konzepten und Ansätzen zum jeweiligen Thema. Sie entscheiden auf dieser Basis, ob sich die Arbeit ausschließlich auf gegebene Theorien oder auch auf eigene empirische Daten beziehen soll. Dementsprechend kann man zwei Grundtypen wissenschaftlicher Forschungsarbeit unterscheiden (Ebster und Stalzer 2002, 35f):

- die theoretische Arbeit oder Literaturarbeit beantwortet eine Forschungsfrage, indem sie relevante wissenschaftliche Publikationen auswertet;
- die empirische Arbeit beantwortet eine Forschungsfrage durch theoriegeleitete Erhebung, Analyse und Interpretation von Daten.

Neben diesen beiden Alternativen kommen in der wissenschaftlichen Praxis unterschiedliche Übergangsformen vor.

Der Prozess des wissenschaftlichen Arbeitens hat üblicherweise eine charakteristische Grundstruktur, die sich in unterschiedlichen Formen darstellen lässt (siehe Abbildung 11).

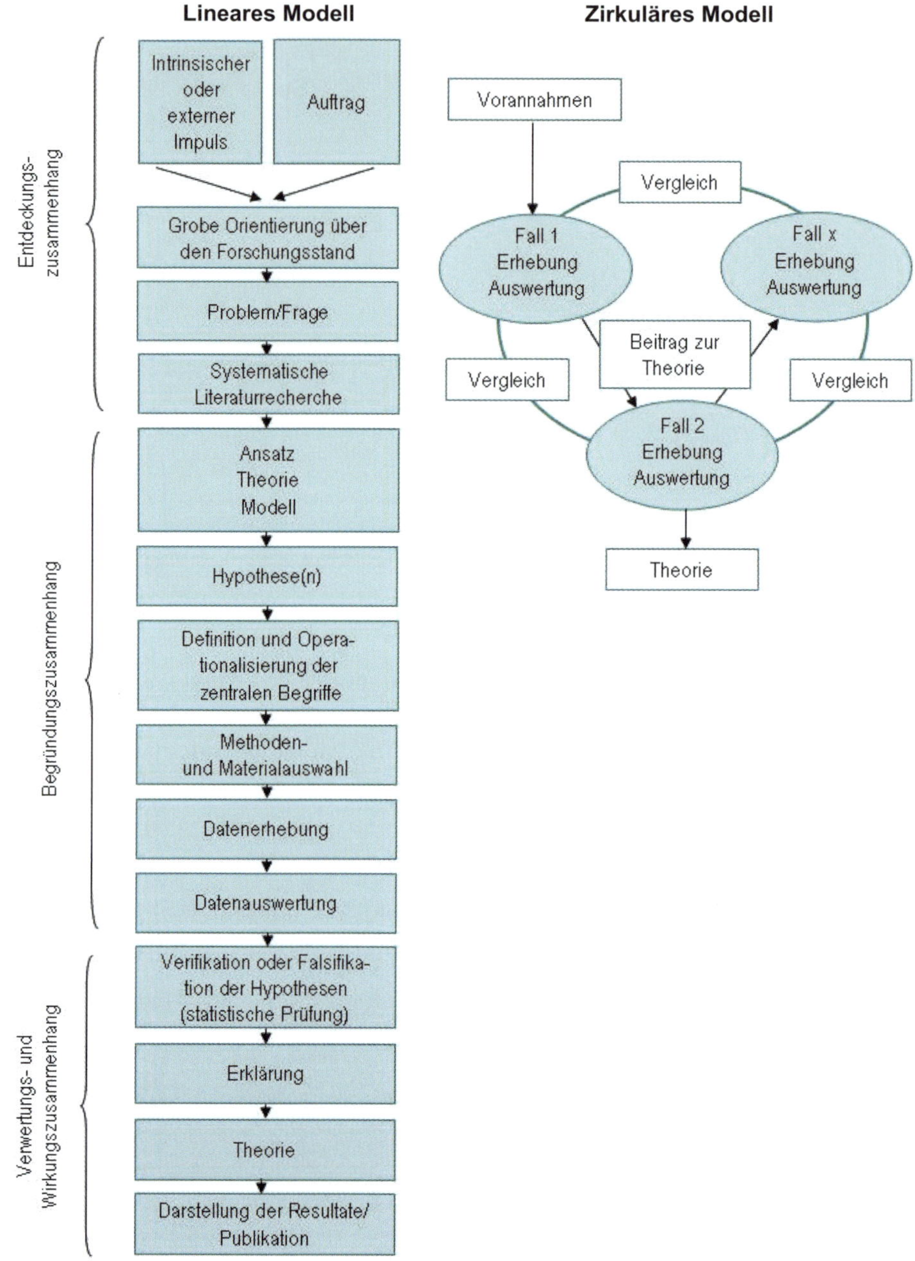

***Abbildung 11:** **Der wissenschaftliche Forschungsprozess** (nach Friedrichs 1990, 51, modifiziert)*

4.2. Phasen wissenschaftlichen Arbeitens

Die Prozesshaftigkeit bedingt ferner, dass sich wissenschaftliches Arbeiten in charakteristische Phasen gliedern lässt, denen man auch jeweils typische Tätigkeiten und Befindlichkeiten zuordnen kann (siehe Übersicht 1).

***Übersicht 1: Phasen wissenschaftlichen Arbeitens** (Baade et al. 2005, 53)*

Phase	Forschung "WissenschafterIn"	Studienarbeit/ Präsentation/ "Studierende"	Psychologischer Zustand
Problemstellung	Wissenschaftliches Problem fassen	Thema wählen/ erhalten/akzeptieren	Anfangseuphorie/ Aufbruchsstimmung
Gegenstandsbenennung	Problem formulieren Problem eingrenzen Arbeitshypothesen generieren	Thema abgrenzen Fragen formulieren Teilthemen festlegen	Ernüchterung Die Menge an Arbeit wird ersichtlich
Durchführung	Methodenauswahl Instrumente und Versuchsanordnung festlegen	Literatur sammeln, sichten und exzerpieren Beginn der Textarbeit Ideen zur Präsentation sammeln	Völlige Verwirrung und Verzweiflung "Ich kapier's nicht" "Das schaff' ich nie!"
Analyse/ Interpretation	Auswertung der Versuche Überprüfung der Hypothesen	Literatur ordnen und auswerten Studienarbeit konkret verfassen Präsentationsinhalte Fallbeispiele Medieneinsatz	Erstes „Aha-Erlebnis" "Jetzt wird's richtig spannend!"
Verwertung	Problemlösung Publikationen Forschungsberichte	Zeit sinnvoll einteilen Folien produzieren Abbildungen suchen Thesenpapier erstellen Vortrag halten	Lampenfieber bewältigen Erfolgserlebnis genießen

„Lernen ist wie Rudern gegen den Strom: Wenn man aufhört treibt man zurück."
Benjamin Britten (1913-1976)

4.3. Wiederholungsfragen

1. ***Geben Sie für nachstehendes Beispiel an, ob es sich um deduktives oder induktives wissenschaftliches Vorgehen handelt:*** *Mitte des 19. Jahrhunderts kreuzte Gregor Mendel in zahlreichen Versuchen Erbsen unterschiedlicher Blütenfarbe miteinander und registrierte die Verteilung der Blütenfarben bei der Nachfolgegeneration, wobei ihm gewisse statistische Regelmäßigkeiten auffielen, die später als Mendelsche Gesetze Verbreitung fanden.*

a) ein deduktives Verfahren
b) ein induktives Verfahren

2. ***Welche der folgenden Aussagen treffen zu?***

a) Induktive Ableitungen führen zu keinen neuen Erkenntnissen.
b) Sind die einer deduktiven Ableitung zugrundeliegenden Prämissen wahr, ist auch die Schlussfolgerung wahr.
c) Induktive Argumente stützen sich auf empirische Beobachtungen und Erfahrungen.
d) Als Deduktion bezeichnet man das Verfahren, aus allgemeinen, vorausgesetzten und elementaren Sätzen speziellere Sätze korrekt abzuleiten
e) Das induktive Vorgehen wird von Vertretern des kritischen Rationalismus abgelehnt, da allgemein gültige Theorien nicht aus einzelnen Sätzen ableitbar seien.

3. ***Welche Arbeitsschritte sind dem Verwertungs- und Wirkungszusammenhang im Rahmen eines wissenschaftlichen Arbeitsprozesses zuzuordnen?***

a) Methoden- und Materialauswahl
b) Präsentation der vorläufigen Gliederung
c) Verifikation bzw. Falsifikation der Hypothesen
d) Publikation der Ergebnisse
e) Exploration
f) Datenauswertung
g) Formulierung von Arbeitshypothesen

4. ***Welche Ziele werden nicht im Zuge des Entdeckungszusammenhanges im Rahmen eines wissenschaftlichen Arbeitsprozesses verfolgt?***

a) Erfassen des Forschungsstandes
b) Formulierung einer präzisen Forschungsfrage
c) Eingrenzung des zu bearbeitenden Themenbereichs
d) Auswahl von geeigneten Untersuchungsmethoden
e) Durchführung einer detaillierten Literaturrecherche
f) Operationalisierung zentraler Begriffe

5. ***Welche Quellen versprechen am ehesten die Erschließung aktueller Forschungsergebnisse?***

a) diesjährige Proceedings wissenschaftlicher Kongresse
b) Bibliographien
c) langfristig etabliertes Einführungslehrbuch
d) laufender Jahrgang einer wissenschaftlichen Fachzeitschrift

6. Welcher der folgenden Forschungsansätze ist deduktiv?

a) Ermittlung von Einflussfaktoren auf die Kriechgeschwindigkeit von Schnecken aus einer Fülle von Geschwindigkeitsmessungen

b) Vorausberechnung der Flugbahn von Maikäfern auf Grundlage eines ballistischen Modells

c) Generierung eines Verhaltensmodells zur Erklärung des Umweltverhaltens von Studierenden auf Basis quantitativer Umfragedaten

d) Die Anwendung der Geldtheorie für Wechselkursprognosen

Lösungen zu den Wiederholungsfragen siehe Seite 159f.

5. Themenwahl und Themenfindung

„Wer hohe Türme bauen will, muss lange beim Fundament verweilen." Anton Bruckner (1824-1896)

Das Kapitel *Themenwahl und Themenfindung* beantwortet folgende Fragen:

- ? Wie kommt man zu einem Thema?
- ? Welche Funktionen und Anforderungen hat ein Thema zu erfüllen?
- ? Wie erkennt man weite bzw. enge Themen und wie breit soll ein Thema sein?
- ? Wie engt man ein Thema ein?
- ? Welche Verfahren können bei der Eingrenzung eines Themas helfen?
- ? Wann taugt ein Thema?
- ? Von welchen Themen lässt man besser die Finger?

Das Kapitel *Themenwahl und Themenfindung* verfolgt nachstehende Lernziele:

- Bei der Themenwahl zu berücksichtigende Aspekte kennen
- Qualität und Breite von Forschungsthemen einschätzen können
- Selbstständig Techniken zur Entwicklung eines Forschungsthemas anwenden
- Strategien für die Themensuche beherrschen
- Impulsgeber für Themen erkennen können

5.1. Grundsätze der Themenfindung

Zu Beginn einer wissenschaftlichen Arbeit steht ein – möglichst präzises, also klar formuliertes – Thema. Sieht man von der Möglichkeit ab, dass ein Forschungsthema extern vorgegeben wird, so stellt die Aufgabe, ein solches Thema zu finden, auszuwählen und einzugrenzen, stets eine eigene Herausforderung dar, zu deren Bewältigung sich unterschiedliche Suchstrategien einsetzen lassen (siehe Abbildung 12).

Unabhängig von der Strategie, mit der man ein Thema sucht, gilt es bei der Themenwahl auf persönliche Interessen, Stärken und Schwächen zu achten, damit die Arbeit Freude macht, einem persönlich liegt und man möglichst viele Vorkenntnisse produktiv einbringen kann.

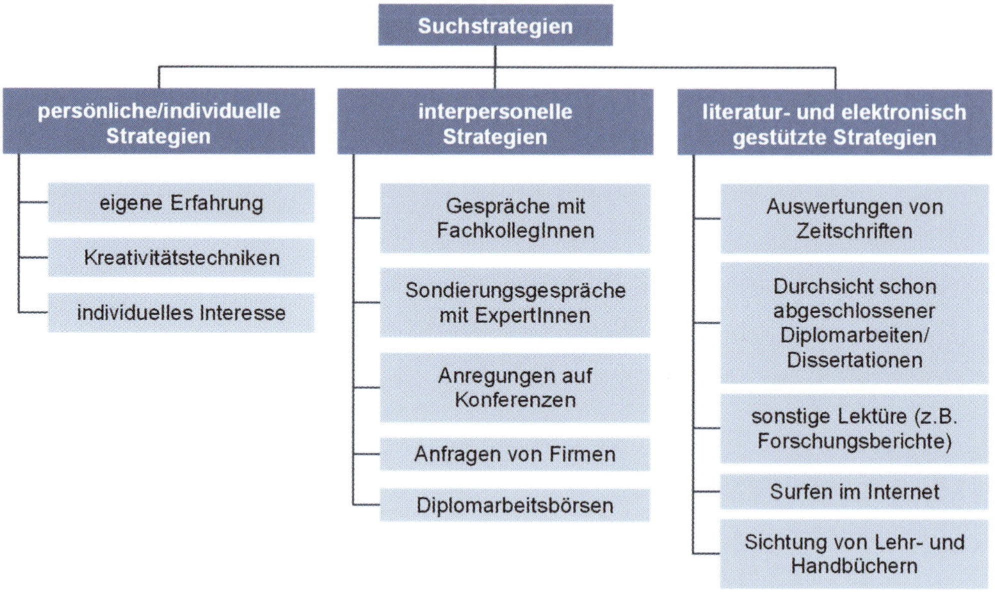

Abbildung 12: Suchstrategien für Themen *(Leong und Pfaltzgraff 1996, 5, modifiziert)*

Folgende Leitfragen können dabei helfen, ein geeignetes Forschungsthema zu finden (verändert nach Kornmeier 2008, 32f):

- Welche Themen entsprechen den persönlichen Interessen und Neigungen?
- Welche Themengebiete inspirieren zu eigenen Gedanken und Ideen?
- Lassen sich Anregungen aus anderen wissenschaftlichen Arbeiten (v.a. in Fachzeitschriften) und dort insbesondere aus Kapiteln wie „Weiterer Forschungsbedarf“ oder „Implications for Future Research“ aufgreifen und umsetzen?
- Welches Thema lässt sich mit einer allenfalls ausgeführten oder zukünftig angestrebten beruflichen Tätigkeit schon verknüpfen („praxisbezogene Themen“)?

Neben individuellen Faktoren spielen auch Rahmenbedingungen wie das Auskommen mit dem/der jeweiligen BetreuerIn, aktuelle Trends, gesellschaftliche Ansprüche und verfügbare Ressourcen bei der Entscheidung für ein Thema mit. Durch die Gestaltung dieser Rahmenbedingungen nehmen gesellschaftliche und politische Gruppen (Verbände und Lobbies) sowie Unternehmen Einfluss auf die thematische Ausrichtung der Forschung. Zwischen diesen wissenschaftsexternen Steuerungsimpulsen und der für die Entfaltung der Kreativität unabdingbaren Wissenschaftsfreiheit entsteht ein Spannungsfeld, innerhalb dessen wissenschaftliche Themenwahl stattfindet.

5.2. Techniken zur Spezifizierung und Eingrenzung eines Themas

Da Studierende erfahrungsgemäß Themen oft viel zu weit spannen, gilt es, das Thema möglichst bald möglichst eng einzugrenzen. Mit anderen Worten: Es geht darum, Aspekte eines Themas zielsicher voneinander zu trennen, aber auch versteckte Implikationen des Themas auszuloten.

Die anschließende Strukturierung einer wissenschaftlichen Fragestellung bietet ForscherInnen eine Orientierung für den logischen Aufbau ihrer Arbeit und sorgt zudem für eine klarere Abgrenzung des eigenen Vorhabens. Nachstehend seien einige Techniken vorgestellt, die sich bei der Suche nach einem Thema bzw. bei dessen Eingrenzung anwenden lassen.

- **Clustering:** In einem ersten Schritt (siehe Abbildung 13) werden aus einem zentralen Impuls assoziativ Ideen entwickelt, welche vom Zentrum ausgehend strahlenförmig aufgezeichnet werden. Zunächst wird jeweils eine Idee verfolgt, bis der Impuls ausgeschöpft ist. Die Zuordnung der Ideen folgt vorab keiner logischen Ordnung, sondern intuitiv, wobei man alle Einfälle spielerisch zulassen sollte. Ziel ist es, möglichst viele Ideen und Aspekte rund um das Ausgangsthema zu sammeln, um die Breite eines Themas nicht vorzeitig einzuschränken. Im Anschluss werden die einzelnen Ideen grob geclustert, also in eine erste thematische Ordnung gebracht. In einem weiteren Schritt können mittels Verbindungslinien auch Beziehungen und Abhängigkeiten zwischen den Elementen dargestellt werden (Ebster und Stalzer 2002, 38).

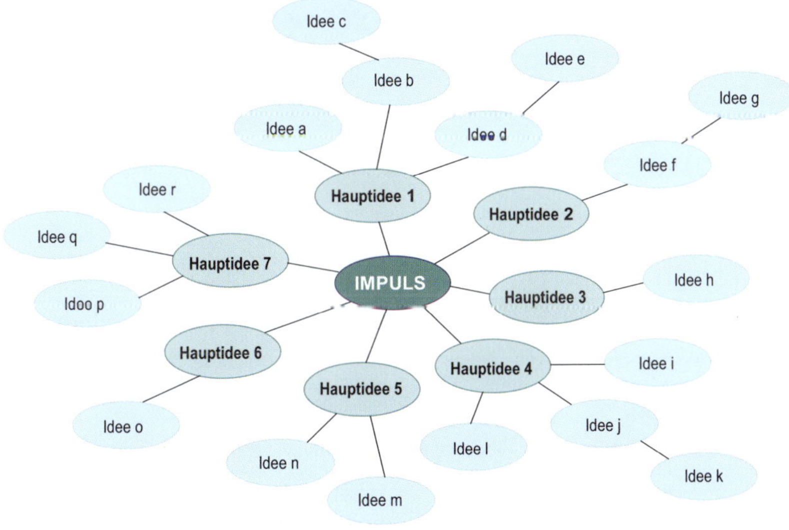

Abbildung 13: Cluster *(nach Esselborn-Krumbiegel 2004, 39, modifiziert)*

- **Erstellung eines Strukturbaumes:** Zu einem Zentralbegriff werden verschiedene Kategorien gebildet, denen der Begriff zugeordnet werden könnte (siehe Abbildung 14). Damit werden ganz unterschiedliche Hauptfacetten betrachtet, ohne zunächst weiterführenden Assoziationen zu folgen. Die Kategorien lassen sich weiter in Subkategorien differenzieren, was in einem nächsten Schritt geschieht usw., bis ein feines Astwerk entsteht. Es entsteht nach und nach ein differenziertes Strukturgefüge mit vielen unterschiedlichen Einfällen, die sich an die Oberbegriffe anlagern. „Es kommt bei dieser Sammlung nicht darauf an, die Kategorien klar voneinander abzugrenzen, sondern nur darauf, eine vorschnelle Einengung des eigenen Blicks zu vermeiden" (Esselborn-Krumbiegel 2004, 45f). Ein sorgfältig gegliederter Strukturbaum kann als gute Basis für ein Inhaltsverzeichnis dienen.

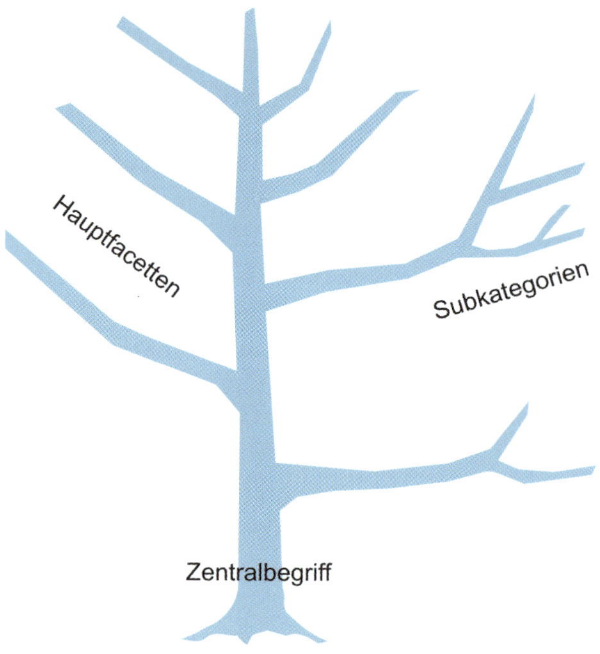

Abbildung 14: Strukturbaum *(nach Esselborn-Krumbiegel 2004, 45, modifiziert)*

- **Themenfächer:** Der Themenfächer (siehe Abbildung 15) stellt ein Instrument dar, mit dessen Hilfe sich Vorstellungen schrittweise genauer definieren und verschiedene Aspekte eines Themas identifizieren lassen (Esselborn-Krumbiegel 2008, 54ff).

  Der Themenfächer visualisiert Zusammenhänge und sortiert Ideen. Er wird von oben nach unten abgearbeitet und sorgt für eine zunehmende Verfeinerung sowie Präzisierung einer zentralen Forschungsfrage. Zunächst erfolgt eine Benennung des spezifischen Interessengebietes. In einem ersten Schritt (Ebene I) werden zum Themengebiet unterschiedliche Problemstellungen identifiziert. In der Folge wird an einem Problembereich weitergearbeitet, indem ihm Aspekte zugeordnet werden, die eine nähere Analyse lohnen. Die Aspekte sollen das Problem weiter differenzieren und mögliche Analysekategorien vorgeben. Während sich also Probleme noch auf einer allgemeineren Ebene der Betrachtung bewegen, beziehen sich die Aspekte schon konkreter und präziser auf Untersuchungsmaterial. Beide Arbeitsschritte trainieren die Fähigkeit, Kategorien zu bilden, das bedeutet Übereinstimmungen zwischen Merkmalen zu erkennen und zugleich Grenzen zu ziehen.

Nachdem man sich wiederum für einen Aspekt entschieden hat, sind in einem dritten Schritt zu diesem möglichst viele Fragen zu bilden. Beim Formulieren der Fragen sollte man jedoch auch die benachbarten Aspekte im Auge behalten, zumal bei wissenschaftlichen Analysen der Umgang mit der Interdependenz unterschiedlicher Aspekte eine besondere Herausforderung darstellt. Denn einerseits begegnen einem permanent die diversen Verflechtungen der unterschiedlichen Aspekte und andererseits gilt es gerade einen einzigen Aspekt herauszulösen, um diesen detailliert untersuchen zu können.

Nach der Auflistung der Fragen gilt es in einem vierten Schritt festzustellen, durch welche Beobachtungen (seien es Literaturfunde, vorhandene Materialien oder empirische Erhebungen) man zu relevanten Antworten auf die ausgesuchten Fragen kommen könnte. Das sollte einen davor bewahren, sich mit dem selbst gewählten und eingegrenzten Thema einem Aspekt zu widmen, der zu wenig hergibt und der sich im Nachhinein als unergiebig erweist. Aus den Fragen im Fragenkreis wird schließlich eine übergeordnete zentrale Frage der Arbeit gebildet, die das gesuchte Thema darstellt.

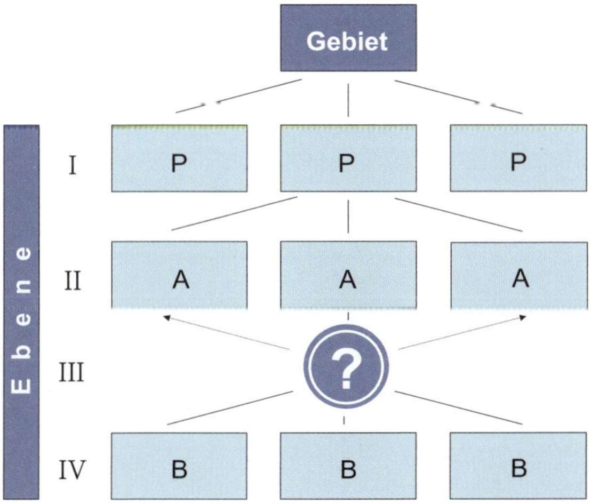

Legende: P = Problemstellung; A = Aspekt; B = Beobachtung

***Abbildung 15:* Themenfächer** *(nach Esselborn-Krumbiegel 2004, 54)*

Übersicht 2 listet weitere Möglichkeiten zur Eingrenzung und Präzisierung des Themas einer wissenschaftlichen Arbeit auf. Je diffuser ein Thema bleibt, desto unwahrscheinlicher wird die Gewinnung klarer Erkenntnisse.

***Übersicht 2: Möglichkeiten zur Eingrenzung eines wissenschaftlichen Themas** (verändert nach Kornmeier 2008, 35)*

Kriterium zur Eingrenzung	Beispielhaftes Thema
Anwendungsbereich konkretisieren („am Beispiel von“)	Auswirkungen der Gemeinsamen europäischen Wissenschaftspolitik am Beispiel der Genderforschung
Aspekt auswählen („vor dem Hintergrund von“)	Die Bedeutung der Interdisziplinarität in der Forschung vor dem Hintergrund der EU-Rahmenprogramme
Betrachtungsebene festlegen	Strategien der Karriereplanung von WissenschafterInnen
Beziehungen herstellen	Das Verhältnis von Wissenschaftspolitik und universitärer Forschungsautonomie
Einzelfall hervorheben („am Beispiel von“)	Potentiale und Risiken von Wissenschaftsfinanzierungseinrichtungen am Beispiel der Volkswagenstiftung
Institutionen/Personen auswählen	Die Bedeutung der Wissenschaftsfonds für die Entwicklung der bibliometrischen Forschung in Österreich
Neues hervorheben	Die Bedeutung von E-Government für die universitäre Verwaltung
Quellen eingrenzen	Die EU-Wissenschaftspolitik im Spiegel europäischer Printmedien
Schwerpunkt setzen („unter besonderer Berücksichtigung von“)	Die ökonomische Entwicklung der neuen EU-Staaten unter besonderer Berücksichtigung von Wissenschaft und Forschung
System eingrenzen	Einfluss der Wissenschaftsverlage auf die akademische Lehrmeinung
Überblick geben	Die europäische Forschungspolitik und ihre Reformen – ein Überblick
Variablen/Einflussfaktoren spezifizieren	Ökonomische und politische Determinanten der europäischen Forschungspolitik
Zeitlich eingrenzen	Die Entwicklung der Universitäten in Österreich von 2005 bis 2010

Ein Thema ist in der Regel umso leichter zu bearbeiten, je enger es formuliert ist. Zu dessen Verengung kann man u.U. mehrere Eingrenzungskriterien miteinander kombinieren.

> Bsp.: Die EU-Osterweiterung und ihr Einfluss auf den österreichischen Arbeitsmarkt im Jahre 2005 unter besonderer Berücksichtigung hochqualifizierter Forschungskräfte

Allerdings wird mit jedem weiteren einengenden Kriterium das Thema länger und sperriger, bis man im Extrem barocke Doppelstöcke als Arbeitstitel erhält. Dass man übers Ziel hinausgeschossen haben dürfte, ist spätestens dann anzunehmen, wenn man sich selbst die eigene Themenformulierung nicht mehr auswendig merken kann.

„Nichts ist mächtiger als eine Idee zur richtigen Zeit.“
***Victor Hugo* (1802-1885)**

5.3. Wiederholungsfragen

1. *Welche Aspekte sollten bei der Auswahl eines Themas beachtet werden?*

a) Mögliche berufliche Relevanz der Fragestellung
b) Politische bzw. wirtschaftliche Interessen
c) Der Bezug zum aktuellen Stand der Forschung
d) Persönliche Interessen
e) Der/die BetreuerIn des Themas
f) Ansprüche von Interessensverbänden

2. *Welche Ziele verfolgt das Instrument des Strukturbaumes?*

a) Das umfassende Sammeln von Ideen
b) Das Anordnen und Nummerieren der Kapitel
c) Das erste Gliedern eines Themas
d) Das Erstellen des Literaturverzeichnisses
e) Das Bilden von Kategorien zu einem Thema
f) Das Einengen auf einen bestimmten Aspekt

3. *Welche Ziele verfolgt das Instrument des Themenfächers?*

a) Formulierung von grundlegenden Forschungsfragen
b) Gliederung des Themas
c) Aufbau einer hierarchischen Struktur
d) Eingrenzung der Fragestellung
e) Benennung eines spezifischen Interessensgebietes
f) Formulierung von Forschungshypothesen
g) Formulierung von mehreren Aspekten, die eine weitere Betrachtung lohnen

4. *Bei der Auswahl eines Themas für eine wissenschaftliche Arbeit ist es wichtig, dass*

a) die Fragestellung hohes mediales Interesse genießt.
b) ein Bezug zum aktuellen Stand der Forschung hergestellt wird.
c) das Thema möglichst breit gefasst ist, um den Verlauf der Arbeit nicht einzuengen.
d) es wirtschaftliche und politische Interessen am Thema gibt.
e) die Fragestellung Relevanz im wissenschaftlichen Diskurs hat.
f) adäquate methodische Zugänge gewählt werden.

5. *Kennzeichnen Sie in der nachstehenden Liste die beiden engsten Forschungsthemen.*

a) Wissenschaftliche Methoden und ihre Anwendung
b) Wissenschaftstheorien und ihre Rezeption in englischen Massenmedien
c) Die erkenntnistheoretische Auseinandersetzung mit Poppers Logik der Forschung an Österreichs Universitäten während der 1980er Jahre
d) Die Welt von Wissenschaft und Forschung
e) Der Einfluss von Tabellenkalkulationsprogrammen auf Seminarpräsentationen
f) Berufliche Karriereverläufe von AbsolventInnen des ersten Jahrganges des Masterstudiums Umwelt- und Bioressourcenmanagements an der Universität für Bodenkultur Wien

Lösungen zu den Wiederholungsfragen siehe Seite 159f.

6. *Die Spezifizierung der Forschungsfrage*

> ***„Aus dummen Fragen entstehen oft wichtige Antworten."***
> ***Yolanda Eijgenstein (*1966)***

Das Kapitel *Die Spezifizierung der Forschungsfrage* beantwortet folgende Fragen:

- ? Warum ist die Forschungsfrage zentral und welche Rolle spielt sie für den Arbeitsprozess?
- ? Wodurch unterscheiden sich Forschungsfrage und Titel einer Arbeit?
- ? Worauf ist bei der Formulierung einer Forschungsfrage zu achten?
- ? Wie können Forschungsfragen kategorisiert werden?

Das Kapitel *Die Spezifizierung der Forschungsfrage* verfolgt nachstehende Lernziele:

- Die Konsequenz einer guten/schlechten Formulierung der Forschungsfrage für den Arbeitsprozess verstehen
- Gütekriterien einer Forschungsfrage erfassen, selbstständig Forschungsfragen formulieren und für den eigenen Arbeitsprozess umsetzen können
- Forschungsfragen typisieren können

Hinter jedem Thema steckt eine Forschungsfrage. Ihre gekonnte Formulierung erweist sich meist als erfolgsentscheidend. Eine zu weit gefasste Frage erschwert das zielgerichtete Arbeiten und verursacht womöglich ein Scheitern des Arbeitsprozesses. Die Forschungsfrage legt fest, womit sich die Arbeit beschäftigt und womit nicht (Ebster und Stalzer 2008, 36). Bisweilen werfen umfassendere Arbeiten eine komplexe Leitfrage auf, welche dann in mehrere Unterfragen zerfällt. Jedenfalls empfiehlt sich eine klare Unterscheidung zwischen dem Titel der Arbeit und der bzw. den präzisen Forschungsfrage(n). Während der Titel einen knappen, aber klaren Eindruck vom Thema machen soll und damit vor allem zur Entscheidung beiträgt, ob die Arbeit gelesen wird, ist es die Beantwortung der Forschungsfrage, die einen Beitrag zum Erkenntniszuwachs leistet (Karmasin und Ribing 2007, 21). Ziel der Forschungsarbeit sollte daher keine ungerichtete Auseinandersetzung mit dem Thema sein, sondern die konkrete Antwort auf die gestellte Forschungsfrage.

6.1. Die Formulierung der Forschungsfrage

Bereits bei der Formulierung der Forschungsfrage ist darauf zu achten, ob diese methodisch untersuchbar ist (was bei normativen Fragen nicht der Fall wäre). Dazu ist es unabdingbar, die Forschungsfrage präzise hinsichtlich ihrer Sachebene (Was?), ihrer räumlichen (Wo?), zeitlichen (Wann?) und je nach Fragestellung auch ihrer sozialen Dimension (Wer/Wen?) einzugrenzen. Die zentrale Herausforderung besteht darin, den Kern der Arbeit in einer einzigen Frage zu erfassen.

Um sich selbst Klarheit über die Forschungsfrage, die zu leistende Arbeit und das Forschungsziel zu schaffen, können zur gedanklichen Orientierung die bereits in Kapitel 4.1 dargestellten Abschnitte im wissenschaftlichen Arbeitsprozess helfen (verändert nach Borhardt 2008, s.p.):

- Entdeckungszusammenhang
  - Aus welchem Kontext kommt die Frage?
  - Wie ist die Frage begründet?
  - In welchen Forschungsstand ist die Frage eingebettet?
- Begründungszusammenhang
  - Wie soll die Frage beantwortet werden?
  - Welche Methoden können angewandt werden?
  - Auf welchen Erkenntnissen kann die Bearbeitung der Forschungsfrage aufbauen?
- Verwertungszusammenhang
  - Wie ist das Ergebnis begründet?
  - Was geschieht mit den Ergebnissen?
  - Welchen Beitrag zur Wissenschaft kann die Antwort auf die Forschungsfrage leisten?

Diese Aspekte sollten vor Arbeitsbeginn durchdacht werden, um einen Überblick über das eigene Forschungsvorhaben zu bekommen. In der Regel wird die Forschungsfrage danach in weitere Unterfragen aufgeteilt, die in Summe zur Beantwortung der übergeordneten Frage beitragen. Mit dieser Untergliederung fällt es auch leichter, konkrete Ausgangspunkte für die Recherche zu identifizieren.

6.2. Grundtypen von Forschungsfragen

Die Formulierung der Forschungsfrage hängt wesentlich davon ab, welche Erkenntnisse durch ihre Beantwortung gewonnen werden sollen.

Übersicht 3 zeigt sechs Grundtypen wissenschaftlicher Fragestellungen und ihre wesentlichen Eigenschaften.

Übersicht 3: Grundtypen von Forschungsfragen *(verändert nach Karmasin und Ribing 2007, 23; Kornmeier 2008, 44f)*

Fragetyp	Leitfrage	Aufgabe/Ziel
Beschreibung	Was ist der Fall? Wie sieht die „Realität" aus? (oder auch: Sieht die „Realität" wirklich so aus?)	Wahrnehmung und Beschreibung eines Zustandes/Prozesses, durch • deskriptive (Daten-)Analyse • Definition von Begriffen • Klassifikation
Bsp.: Wie hat sich die Finanzierung des Wissenschaftsbetriebes seit 1999 verändert?		
Erklärung	Warum ist etwas der Fall?	Begreifen/Erklären einer Situation/eines Phänomens/Prozesses durch Verstehen der Zusammenhänge, durch • Erklärung realer Sachverhalte • Suche nach Ursache-Wirkungsbeziehungen • Hypothesen-/Theoriebildung
Bsp.: Weshalb haben sich die öffentlichen Mittel für die Finanzierung der Universitäten seit 1999 real vermindert?		
Prognose	Wie wird etwas künftig aussehen? Welche Veränderungen werden eintreten?	Zukünftige Ereignisse/Zustände vorhersagen, durch • Vorhersage von Ereignissen, Verhalten, Entwicklungen, ... • Vorhersage von Wirkungen
Bsp.: Welche Auswirkungen werden Änderungen der Wissenschaftspolitik auf den Ausbildungsstand der Bevölkerung haben?		

***Übersicht 3 (Fortsetzung): Grundtypen von Forschungsfragen** (verändert nach Karmasin und Ribing 2007, 23; Kornmeier 2008, 44f)*

Fragetyp	Leitfrage	Aufgabe/Ziel
Gestaltung	Welche Maßnahmen sind geeignet, um ein bestimmtes Ziel zu erreichen?	Maßnahmen zur Zielerreichung entwerfen/bewerten, Entscheidungen verbessern, durch • Aufgreifen und Lösen praktischer Probleme • Gestaltungsempfehlungen für die Praxis
Bsp.: Welche politischen Interventionen könnten ein erwünschtes Anheben der Akademikerquote begünstigen?		
Kritik/Bewertung	Wie ist ein bestimmter Zustand vor dem Hintergrund explizit genannter Kriterien zu bewerten?	Kritik am Bestehenden üben, Bewertung von Zuständen/Prozessen/Phänomenen durch, • Betrachten, Analysieren und Kritisieren konkreter Situationen • Unterbreiten von Verbesserungsvorschlägen
Bsp.: Wie ist die Veränderung der Wissenschaftspolitik im Hinblick auf eine Anhebung der Akademikerquote zu bewerten?		
Utopie	Wie wird die Welt von morgen aussehen?	Spekulieren, querdenken, wissenschaftliche Überlegungen zu Sinn/Ethik, durch • langfristige Vorhersage von Ereignissen, Verhalten, Entwicklungen,… • langfristige Vorhersage von Wirkungen
Bsp.: Wie könnte die österreichische Universitätslandschaft im Jahr 2050 idealerweise aussehen?		

„Wenn du eine weise Antwort verlangst, musst du vernünftig fragen.“
Johann Wolfgang von Goethe (1749-1832)

6.3. Wiederholungsfragen

1. Die Forschungsfrage einer wissenschaftlichen Arbeit

a) grenzt ab, was bearbeitet wird und was nicht.
b) entscheidet primär darüber, ob die Arbeit gelesen wird.
c) verlangt nach einer konkreten Antwort.
d) sollte möglichst weit gefasst sein.
e) hat mit dem Arbeitstitel ident zu sein.

2. Bei der Formulierung einer Forschungsfrage ist darauf zu achten, dass

a) diese möglichst rasch bearbeitet werden kann.
b) diese möglichst ansprechend formuliert ist, um eine breite LeserInnenschaft anzusprechen.
c) sie methodologisch untersuchbar ist.
d) sie hinsichtlich ihrer Sachebene, räumlichen und zeitlichen Dimension eingegrenzt ist.

3. Welche der folgenden Typen von Forschungsfragen befassen sich vordergründig mit zukünftigen/möglichen Entwicklungen?

a) Beschreibung
b) Gestaltung
c) Utopie
d) Erklärung
e) Kritik/Bewertung
f) Prognose

4. Um welche Typen von Forschungsfragen könnte es sich bei der Fragestellung: „Inwiefern haben sich die Anforderungen an das Profil des Außenministers/der Außenministerin seit dem EU-Beitritt Österreichs verändert?“ handeln?

a) Prognose
b) Erklärung
c) Gestaltung
d) Kritik/Bewertung
e) Beschreibung

Lösungen zu den Wiederholungsfragen siehe Seite 159f.

7. Die Gliederung wissenschaftlicher Arbeiten

„Wenn man nicht weiß, welchen Hafen man ansteuert, ist kein Wind günstig." Seneca (etwa 1-65 n.Chr.)

Das Kapitel *Gliederung wissenschaftlicher Arbeiten* beantwortet folgende Leitfragen:

- ? Wozu dient eine Gliederung?
- ? Welche Gliederungsmodelle gibt es und für welche Forschungsfragen sind sie jeweils geeignet?
- ? Welche formalen Gestaltungsgrundsätze sind für eine Gliederung zu beachten?
- ? Was ist beim Formulieren von Überschriften zu beachten?

Das Kapitel *Gliederung wissenschaftlicher Arbeiten* verfolgt nachstehende Lernziele:

- Einen Stoff zweckmäßig und übersichtlich gliedern können
- Eine Gliederung als Hilfs- und Kontrollinstrument für den wissenschaftlichen Arbeitsprozess nutzbar machen können
- Imstande sein, ein für die eigene Forschungsfrage geeignetes Gliederungsmodell zu wählen
- Fähigkeit, eine Gliederung unter Berücksichtigung formaler Aspekte zu gestalten
- Überschriften für wissenschaftliche Arbeiten adäquat zu formulieren vermögen

Unter Gliederung versteht man die Aufteilung eines Ganzen in mehrere in sich weitgehend geschlossene Segmente. Als Disposition bezeichnet man eine vorläufige Strukturierung vor dem oder begleitend zum Arbeitsprozess; sie dient unter anderem während der Realisierung und des Schreibens als Leitfaden. Das Inhaltsverzeichnis stellt die endgültige Gliederung eines Textes (mit Seitenzahlen) dar (Theisen 1995, 104). In der Regel ist das Erstellen einer Gliederung kein einmaliger Akt, sondern vielmehr ein dynamischer Prozess, der die gesamte Arbeit begleitet und immer wieder aufgegriffen wird. Erst mit Beendigung der Textarbeit ist auch die endgültige Gliederung fertiggestellt.

7.1. Ziele und Wesen einer Disposition

Die vorläufige Gliederung sollte parallel mit der Materialsuche und -auswahl entwickelt werden. Sie hat unter anderem folgende Ziele:

- Strukturierung der Arbeit (Auflistung von Überschriften, bisher unsystematische Gedanken in eine sachlogisch fundierte und hierarchisch abgestufte Ordnung bzw. Abfolge bringen; „roter Faden“);
- Aufteilung der Arbeit in operationale und bewältigbare Teilschritte, Schwerpunktsetzung;
- Konkretisierung des Umfanges der geplanten Arbeit;
- Grundgerüst für die wissenschaftliche Recherche;
- Kontrollinstrument zur Beurteilung des laufenden Arbeitsfortschrittes.

7.2. Gliederungsmodelle

Zumeist bieten sich mehrere Varianten zur Gliederung ein und derselben Forschungsfrage an. Daher ist vor Arbeitsbeginn sorgfältig zu entscheiden, welcher Aufbau sich am besten für die Bearbeitung einer Forschungsfrage eignet. Dabei ist von höchster Bedeutung, dass die Gliederung logisch schlüssig aufgebaut ist. Die Gliederung zeigt, „ob und in welcher Weise Sie das Thema verstanden haben, wie Sie das Thema bearbeitet und ob Sie eine folgerichtige und geschlossene Gedankenführung entwickelt haben“ (Stickel-Wolf und Wolf 2002, 153).

Neben anderen stehen folgende Gliederungsmodelle für eine Unterteilung des Hauptteils zur Auswahl (Stickel-Wolf und Wolf 2002, 156; Esselborn-Krumbiegel 2008, 117f):

- **Deduktive Abfolge**

  Vorgehensweise vom Allgemeinen zum Speziellen. Bsp.: Von einer übergeordneten Theorie ausgehend wird ein konkreter Fall schrittweise gemäß der Theorie behandelt.

  Diese Abfolge ist die am häufigsten angewandte im Wissenschaftsbetrieb.

- **Induktive Abfolge**

  Vorgehensweise vom Speziellen zum Allgemeinen. Bsp.: Ausgehend von einem Praxisfall wird ein verallgemeinerndes Modell entwickelt.

  Diese Variante eignet sich besonders für Fragen, zu denen bislang nur wenig übergeordnete Konzepte existieren.

- **Chronologische Abfolge**

  Ereignisse werden in der Reihenfolge ihres Eintrittszeitpunktes bearbeitet. Dadurch wird eine laufende Entwicklung abgebildet.

  Diese Form der Abfolge ist (nur) dann sinnvoll, wenn sich das zugrundeliegende Material chronologisch anordnen lässt.

- **Dialektische Abfolge**

  Bei geeigneten Fragen kann man sich auch vom klassischen dialektischen Dreischritt (These/Antithese/Synthese) leiten lassen. Dabei werden zu Beginn behauptende Aussagen formuliert, im Anschluss werden diesen Behauptungen gegenüberstehende Aussagen vorgestellt. Schließlich werden die Aussagen im Rahmen der Synthese gegenübergestellt, mit dem Ziel, diese zu einem neuen Ganzen, zu einer Lösung, zusammenzufügen.

  Die dialektische Abfolge eignet sich zum Vergleich bzw. zur Gegenüberstellung von Aussagen, etwa zur Konfrontation unterschiedlicher Lehrmeinungen.

- **Ursache-Wirkung-Abfolge**

  Ausgehend von Ursachen, die zu Beginn der Arbeit beschrieben sind, werden im weiteren Verlauf die Konsequenzen dargestellt und anhand theoretischer Modelle erklärt. Diese Abfolge ist auch in umgekehrter Reihung umsetzbar, das heißt, ausgehend von einem Phänomen wird nach dessen Ursachen gesucht.

  Die Ursache-Wirkung-Gliederung bietet sich für die Untersuchung von kausalen Zusammenhängen an.

- **Empirische/naturwissenschaftliche Abfolge**

  Vor allem für empirische Arbeiten in den Naturwissenschaften ist eine Einteilung nach folgenden fünf Hauptteilen relativ gebräuchlich: Einleitung, Material und Methode, Resultate, Diskussion, Zusammenfassung und Empfehlungen.

7.3. Formale Gestaltungsgrundsätze für Gliederungen

Jede Gliederung besteht aus einer Abfolge logisch abgestufter Überschriften, d.h. es sind Teile, Haupt- und Unterkapitel mit jeweils adäquaten Titeln vorzusehen.

Die Tiefe der Gliederung (Anzahl der Untergliederungsebenen) ist sachabhängig und steht mit dem Umfang des Gesamtprojektes (Seminar-, Diplomarbeit, Dissertation etc.) in Zusammenhang. Als Faustregel gilt: je kleiner die Arbeit, desto weniger Unterteilungen; je größer das Vorhaben, desto feiner kann die Gliederung sein.

Grundsätzlich folgen die Gesamtarbeit und der Aufbau der Kapitel dem allgemeinen Bauprinzip „Einleitung", „Hauptteil" und „Schluss".

Die **Einleitung** dient als Einführung in das Thema und umfasst mehrere zentrale Aspekte (verändert nach Karmasin und Ribing 2007, 24):

- Beschreibung des Problems (Worum geht es grundsätzlich?)
- Ziele (Was will die Arbeit erreichen?)
- Relevanz (Warum ist das Thema wichtig?)
- Forschungsfrage (Welche Frage(n) soll die Arbeit beantworten?)
- Vorgangsweise (Mithilfe welcher Methoden werden die Fragen beantwortet?)
- Struktur der Arbeit (Welche Überlegungen liegen der Kapitelfolge zugrunde?)

Der **Hauptteil** bildet das eigentliche Herzstück der wissenschaftlichen Auseinandersetzung mit einem Thema. Hierzu zählen etwa Begriffsabgrenzungen, die Erläuterung von verwendetem Material und Methoden, die Darstellung der Ergebnisse oder die Diskussion der eigenen Ergebnisse vor dem Hintergrund der einschlägigen Literatur.

Den Abschluss der Arbeit bildet der **Schlussteil**, oft auch als **Fazit** bezeichnet. Darin werden die Ergebnisse zusammengefasst, Ausblicke auf weiterführende Forschung („further research") vorgenommen, Schlussfolgerungen abgeleitet (Ebster und Stalzer 2008, 75).

Bei der Gliederungsordnung hat sich die numerische (=Dezimalklassifikation; arabische Ziffern) durchgesetzt, die alphanumerische Gliederung, eine Kombination aus Buchstaben und Zahlen (I., A., B., a., b., II. etc.) findet seltener Anwendung (vgl. Abbildung 16).

Nachstehende Tipps und Regeln sollen weitere Anhaltspunkte bei der Gliederung einer wissenschaftlichen Arbeit bieten:

- einheitliches Gliederungsschema und Layout durchhalten;
- eine Hauptüberschrift steht entweder alleine (z.B. 1. Einleitung, ohne weitere Subüberschriften) oder bei weiterer Untergliederung muss es mindestens zwei Unterpunkte geben; das heißt, unterhalb der Hauptüberschrift 1 muss auf den Punkt 1.1 in jedem Fall auch ein Punkt 1.2 folgen, bevor Punkt 2 beginnt;
- umfangreiche Kapitel entsprechend feiner untergliedern;
- die Untergliederung im Diskussionsteil sollte der Gliederung im Ergebnisteil entsprechen;
- eine adäquate Zahl von Gliederungsebenen verwenden (Faustregel: für Seminararbeiten oder Fachartikel zwei bis max. drei Ebenen, bei Bakkalaureats- und Diplomarbeiten drei, max. vier Untergliederungsebenen);
- die Überschriften in Inhaltsverzeichnis und Text müssen ident sein.

1. Einleitung	I. Einleitung
2. Material und Methode	II. Material und Methode
2.1.Versuchsanlage	II.A. Betriebsleiterbefragung
2.1.1. Aufbau der Versuchsanlage	II.A.a. Erhebungsdesign
2.1.2. Eingesetzte Geräte	II.A.b. Aufbau des Fragebogens
2.2. Versuchsdurchführung	II.B. Sekundärstatistische Daten
2.3. Gewonnene Daten	II.C. xxxxx
2.4. Verfahren der Datenauswertung	II.D. Verfahren der Datenauswertung
3. Resultate	III. Ergebnisse der Datenauswertung
3.1. xxxxx	III.A. xxxxx
3.2. xxxxx	III.B. xxxxx
4. Diskussion der Ergebnisse	IV. Diskussion der Resultate
5. Schlussfolgerung und Ausblick	V. Zusammenfassung
Numerische Klassifikation	**Alphanumerische Klassifikation**

Abbildung 16: Beispiele für Gliederungen

7.4. Grundsätze bei der Formulierung von Überschriften

Jeder Gliederungspunkt einer Arbeit sollte eine Überschrift erhalten, die den Inhalt des folgenden Kapitels kennzeichnet (Theisen 1995, 195). Überschriften stellen ein „Versprechen an die LeserInnen" dar, d.h. sie sollen sich ein Bild darüber machen können, was sie erwartet.

Bei der Formulierung von Überschriften sind einige Grundsätze zu beachten:

- Überschriften sind knapp und im Nominalstil zu formulieren (in Hauptwörtern); sie sind grammatikalisch kein Satz, d.h. es fehlt die Personalform des Verbs;
- Überschriften enthalten keinerlei Satzzeichen oder Halbsätze (Ausnahme: manchmal sind Überschriften als Fragen formuliert, dann enden sie mit Fragezeichen);
- jede Überschrift sollte für sich alleine gelesen möglichst verständlich bleiben (nicht so verkürzt formulieren, dass man den Kontext der Ober-Überschrift parat haben muss, um den Sinngehalt der Unter-Überschrift richtig erfassen zu können);
- Abschnittsüberschriften dürfen nicht mit dem Gesamttitel der Arbeit oder mit anderen Überschriften identisch sein (jede Überschrift darf nur einmal vorkommen);
- im Text darf es keine Pseudo-Überschriften (ohne Einordnung in die Gliederungshierarchie) geben; Aufzählungen, als solche gekennzeichnet und allenfalls durch Eyecatcher hervorgehoben, sind hingegen möglich;

- nichtssagende Überschriften vermeiden (wie „Allgemeine Grundlagen“; „Sonstige Ergebnisse“);
- eine wissenschaftliche Arbeit sollte keine Aneinanderreihung von Überschriften und Aufzählungen sein (mindestens drei Textsätze zwischen zwei Überschriften);
- die Überschriften in Inhaltsverzeichnis und Text müssen ident sein.

„Der Langsamste, der sein Ziel nicht aus den Augen verliert, geht immer noch geschwinder, als der, der ohne Ziel umherirrt.“ Gotthold Ephraim Lessing (1729-1781)

7.5. Wiederholungsfragen

1. Zu den Zielen einer Disposition gehört es,

a) Gedanken in eine logische, hierarchisch abgestufte Ordnung zu bringen;
b) Klarheit über das konkrete Arbeitsvolumen und die Seitenzahlen zu bekommen;
c) ein Grundgerüst für die wissenschaftliche Recherche zu schaffen;
d) den laufenden Arbeitsfortschritt kontrollieren zu können;
e) Abbildungs- und Tabellenverzeichnisse zu erstellen;
f) der Leserin/dem Leser ein rasches Auffinden gesuchter Inhalte zu ermöglichen;

2. Welche Anforderungen gelten für die Formulierung von Überschriften im wissenschaftlichen Kontext?

a) Überschriften sind als grammatikalisch korrekte Sätze zu formulieren.
b) Abschnittsüberschriften dürfen nicht mit dem Gesamttitel der Arbeit ident sein.
c) Überschriften ohne Einordnung in die Gliederungshierarchie können durch textliche Hervorhebung (fett, kursiv, ...) gekennzeichnet werden.
d) Überschriften sind im Nominalstil zu halten.
e) Überschriften dürfen ausnahmslos keine Satzzeichen enthalten.
f) Sämtliche im Inhaltsverzeichnis angeführten Überschriften müssen auch im Text vorhanden sein.

3. Welche formalen Richtlinien sollten für das Verfassen einer Gliederung einer wissenschaftlichen Arbeit beachtet werden?

a) Einheitliches Gliederungsschema und -layout
b) Angemessene Zahl an Gliederungsebenen
c) Möglichst geringe Zahl an Überschriften
d) Eine Hauptüberschrift darf nur alleine, ohne weitere Untergliederungen stehen.
e) Nichtssagende Überschriften sind zu vermeiden.
f) Überschriften müssen für sich alleine stehend verständlich sein.

4. Welche der folgenden Überschriften entsprechen nicht den formalen und/ oder inhaltlichen Kriterien einer wissenschaftlichen Arbeit?

a) 3. Folgende Ergebnisse können festgehalten werden:
b) 2.1.1. Ursachen des Baumsterbens
c) 5. Allgemeines
d) 3.2. Grenzen der Umsetzung
e) 3. Forschungshypothesen
f) 5. Einleitendes
g) 6.1. Wodurch wird das Pflanzenwachstum begünstigt?

5. Das chronologische Gliederungsmodell...

a) sucht ausgehend von einem Phänomen nach dessen Ursachen.
b) ist eine Vorgehensweise vom Allgemeinen zum Speziellen.
c) ist eine Vorgehensweise vom Speziellen zum Allgemeinen.
d) bildet eine laufende Entwicklung ab.

6. Welche der folgenden Gliederungen entsprechen nicht den formalen und/oder inhaltlichen Ansprüchen für die Gliederung einer wissenschaftlichen Arbeit?

a) 1. Einleitung; 2. Ziele der Arbeit; 3. Diskussion; 4. Zusammenfassung;

b) Vorwort; Abstract; 1. Einleitung; 2. Fragestellungen und Ziele; 3. Methodik; 4. Ergebnisse; 5. Diskussion und Ausblick; Quellenverzeichnis;

c) 1. Einleitung; 2. Methodik; 2.1. Zielsetzungen; 2.2.1. Herangehensweise; 3. Datenauswertung; 3.1. Datenaufbereitung; 3.2. Ergebnisse; 4. Fazit;

d) 1. Einleitung; 2. Nutzungspotentiale des ländlichen Raumes in Österreich; 2.1. Land- und Forstwirtschaft; 2.2. Tourismus; 2.3. Allgemeine Geschichte des ländlichen Raumes; 3. Zukünftige Entwicklungschancen; 4. Zusammenfassung und Ausblick;

Lösungen zu den Wiederholungsfragen siehe Seite 159f.

8. Wissenschaftliche Recherche

„Wer einen Engel sucht und nur auf die Flügel schaut, könnte eine Gans nach Hause bringen."
Georg Christoph Lichtenberg (1742–1799)

Das Kapitel *Wissenschaftliche Recherche* beantwortet folgende Leitfragen:

- ? Auf welche Quellen können WissenschafterInnen zurückgreifen?
- ? Wie funktioniert die Erkenntnisgewinnung aus wissenschaftlichen Quellen?
- ? Welche Suchstrategien führen effizient zum Auffinden wissenschaftlicher Literatur?
- ? Wo können wissenschaftliche Informationen gewonnen werden?
- ? Nach welchen Kriterien ist die Zitierwürdigkeit wissenschaftlicher Quellen zu beurteilen?
- ? Mit welchen Methoden lässt sich Literatur systematisch auswerten?

Die Ausführungen zur *wissenschaftlichen Recherche* verfolgen nachstehende Lernziele:

- Verschiedene Quellen wissenschaftlicher Information klassifizieren und ihre Spezifika benennen können
- Suchstrategien zur Auffindung wissenschaftlicher Information kennen und für eigene Recherchen anwenden können
- Standorte wissenschaftlicher Quellen kennen und in diesen gezielt nach Informationen suchen können
- Grundlegende Kriterien zur Beurteilung der Seriosität von Quellen verstehen
- Literaturquellen systematisch auswerten können

Die professionelle Suche nach Informationen und deren Verarbeitung stellt einen wesentlichen Bestandteil wissenschaftlicher Arbeit dar.

Zweck einer wissenschaftlichen Recherche ist es,

- sich Wissen zu einem Thema anzueignen bzw. das bereits vorhandene eigene Wissen zu vertiefen;
- den Stand des Wissens („state of the art") in einem bestimmten Themenfeld zu erfassen, um Duplizitäten zu vermeiden;

Bei der Suche nach geeigneter Information stellen sich folgende Fragen:

1. Welche Quellen wissenschaftlicher Information kommen in Frage? (z.B. Literatur, Experimente, Akten, Urkunden, Auskunftspersonen)
2. Wie sucht man wissenschaftliche Informationen? (Suchstrategien)
3. Wo findet man wissenschaftliche Informationen? (z.B. Bibliotheken, Sammlungen, Internet)
4. Was ist zu übernehmen? (Auswahl und Auswertung der gewonnenen Information)

8.1. Quellen wissenschaftlicher Information

Jede wissenschaftliche Arbeit knüpft an bereits vorhandenem Wissen an und versucht, daraus sowie aus eigenen Aussagen Neues zu generieren, wofür verschiedene Erkenntnisquellen ausgeschöpft werden können (Kornmeier 2007, 107).

***Übersicht 4: Quellen zur systematischen Gewinnung von Wissen** (verändert nach Kornmeier 2007, 107)*

Informationsbeschaffung	Herkunft der Informationen	
	Literatur	Empirie
Sekundärforschung	Literaturstudium	Sekundäranalyse (Schreibtischforschung)
Primärforschung	Meta-Analyse	Primärerhebung (Feldforschung)

Unter Primärforschung versteht man das eigenständige Erarbeiten von neuen wissenschaftlichen Erkenntnissen anhand eines konkreten Betrachtungsgegenstandes (Datenerhebung). Sekundärforschung greift auf bereits vorhandene Informationen aus Primärquellen zurück, um daraus neue Erkenntnisse zu ziehen.

Die Suche nach Literatur stellt wohl den häufigsten Fall der wissenschaftlichen Recherche dar. Im Zusammenhang mit wissenschaftlicher Arbeit versteht man unter „Literatur“ das Fachschrifttum von Disziplinen im Gegensatz zur alltagssprachlichen Auffassung, die damit Belletristik bezeichnet. Mit Hilfe eines **Literaturstudiums** lässt sich der Stand der Forschung erheben. Darauf können in der Folge eigene Gedankengänge und Erkenntnisse aufbauen. Quantität und Qualität der im Zuge des Literaturstudiums verarbeiteten Literaturquellen sind ein wesentliches Kriterium zur Beurteilung der Güte einer wissenschaftlichen Arbeit.

Ein Literaturstudium bezweckt,

- die wichtigsten Literaturquellen zu erschließen,
- diese in für die Thematik relevanten Ausschnitten wiederzugeben und
- den Stand der Diskussion kritisch zu würdigen (Kornmeier 2007, 107).

Die so genannte **Meta-Analyse** stellt genau genommen eine Mischform aus Primär- und Sekundärforschung dar. Dabei werden „Analysen analysiert" (die griechische Vorsilbe „*meta-*" steht für eine übergeordnete Ebene oder Sichtweise), um daraus generalisierbare Aussagen zu gewinnen (Kornmeier 2007, 137). Dazu zählt beispielsweise die „Literature review", die eine Übersicht zum Wissensstand und über die Meinungsvielfalt zu einem bestimmten Thema präsentiert.

Unter der **Sekundäranalyse** oder **Schreibtischforschung** versteht man eine Vorgehensweise, die auf bestehende Datenbestände zurückgreift. Anhand dieses Datenmaterials werden Theorien oder Hypothesen getestet. Diese Methode bietet sich – bei Vorhandensein brauchbarer Datensätze – vor allem an, um Zeit und Kosten einer Erhebung zu sparen (Kornmeier 2007, 153). Datenquellen können öffentliche Einrichtungen, statistische Dienste wie Eurostat oder Statistik Austria, Kammern, Verbände, Marktforschungsinstitute oder spezifische Datenbanken sein, aber z.B. auch von schon zurückliegenden Experimenten oder Untersuchungen vorhandene Versuchsaufzeichnungen, die nach neuen Gesichtspunkten ausgewertet werden sollen.

Ziel der **Primärforschung**, auch **Feldforschung** genannt, ist es, durch Erhebungen Daten zu einem Forschungsgegenstand zu gewinnen, die bis dato noch nicht zur Verfügung standen. Als Methoden kommen etwa Befragungen, Beobachtungen oder Experimente in Frage.

8.2. Literaturquellen

Nahezu jede wissenschaftliche Arbeit greift auf bestehende Literaturquellen, entweder ausschließlich oder ergänzend zu eigenen Überlegungen sowie zu empirischen Daten, zurück. Zu den wichtigsten Literaturquellen zählen neben anderen Bücher, Periodika und Forschungsberichte (Ebster und Stalzer 2008, 40f; Stickel-Wolf und Wolf 2002, 112f; Balzert et al. 2008, 126f):

- **Bücher** lassen sich in **Monographien** (Einzelschriften) und **Sammelwerke** unterteilen. Während Monographien von einem oder mehreren AutorInnen unter einheitlicher Urheberschaft verfasst werden, fassen Sammelwerke, oder auch Herausgeberschriften genannt, die Beiträge verschiedener AutorInnen zusammen. Diese werden von einem oder mehreren HerausgeberInnen veröffentlicht, die für die Gesamtkonzeption des Werkes verantwortlich sind. Zu jedem der Beiträge im Sammelwerk sind die AutorInnen separat angeführt.

Monographien konzentrieren sich häufig thematisch abgeschlossen auf einen Untersuchungsgegenstand, Sammelwerke umfassen im Gegensatz dazu mehrere Gegenstände oder Perspektiven zu einem Themengebiet.

- **Periodika** sind in regelmäßigen Abständen erscheinende Werke. Dazu zählen etwa wissenschaftliche Fachzeitschriften (Journals), Jahrbücher oder Tagungsberichte periodisch wiederkehrender Veranstaltungen („Proceedings"). Fachzeitschriften dokumentieren den Fortschritt der Erkenntnis einer Wissenschaftsdisziplin oder eines speziellen Themengebietes meist am aktuellsten. Zu Beginn eines Arbeitsprozesses gilt es daher, sich einen Überblick über jene, für die jeweilige Disziplin einschlägigen Fachzeitschriften zu verschaffen (zur Bewertung der Güte von Fachzeitschriften siehe auch Kapitel 2).
- **Forschungsberichte** zählen zur so genannten „grauen Literatur", das bedeutet, dass sie nicht auf traditionellem Wege veröffentlicht und im Buchhandel erhältlich sind, sondern bei den jeweiligen Institutionen (Hochschulen, Forschungseinrichtungen, evtl. Ämtern und Behörden) bezogen werden können. Die wissenschaftliche Qualität dieser Berichte ist daher nicht immer gesichert. Ebenso zur „grauen Literatur" zählen Arbeitspapiere, die (noch) nicht veröffentlicht wurden und über den aktuellen Stand eines Forschungsthemas, den „work in progress" informieren.

Als weitere relevante Quellen sind Fachstatistiken, Gesetzestexte, Presseinformationen, Archivmaterialien und Informationen von Ämtern oder Institutionen zu nennen.

Innerhalb der genannten wissenschaftlichen Quellen lässt sich primäres, sekundäres und tertiäres Material unterscheiden.

Übersicht 5:* *Arten von Literatur und schriftlichen Quellen *(nach Rückriem et al. 1992, 91, modifiziert)*

Quellen-art	Primäres schriftliches Material gesamtes wissenschaftliches Originalschrifttum	Sekundäres schriftliches Material Verzeichnisse, die in systematisch geordneter Form Originalschrifttum nachweisen	Tertiäres schriftliches Material jene Literatur, die Wissensbereiche in zusammenfassender Form darstellt
Wissenschaftliche Literatur	Bücher ▪ Monographien ▪ Hochschulschriften ▪ Sammelwerke ▪ Kongress- und Tagungsberichte Periodika ▪ Fachzeitschriften ▪ Online-Journals ▪ Jahrbücher ▪ Magazine und Zeitungen „graue Literatur“: Forschungsberichte ▪ universitäre (Arbeitspapiere, Institutsschriften) ▪ außeruniversitäre Sonstiges ▪ Firmenschriften ▪ Mitteilungen von Organisationen, Vereinen, Instituten, Gesellschaften etc. ▪ Manuskripte	kommentierte Bibliographien	Nachschlagewerke ▪ Wörterbücher ▪ Lexika ▪ Handbücher ▪ Lehrbücher ▪ Enzyklopädien ▪ Kompendien
Sonstige Quellen	Gesetze amtliche Veröffentlichungen ▪ Höchstgerichtliche Erkenntnisse ▪ Amtsblätter Fachstatistiken Internetquellen persönliche Auskünfte sonstige Materialien ▪ Karten ▪ Akten ▪ Urkunden ▪ Handschriften ▪ Protokolle	Kataloge Bibliographien Abstract-Dienste Dokumentationsdienste	Datensammlungen ▪ Formel- und Zitatensammlungen ▪ tabellarische Werke

8.3. Suchstrategien für wissenschaftliche Literatur

Die Auswahl der Suchstrategie orientiert sich an der verfügbaren Zeit, den Anforderungen an die zu erstellende Arbeit und der notwendigen Menge und Qualität wissenschaftlicher Literatur (Franck 2004, 132ff; Theisen 2000, 36ff; Ebster und Stalzer 2002, 43ff). Zu Beginn der Recherche steht meist eine heuristische Annäherung an die Literaturquellen im Vordergrund, erst nach einem Grobüberblick bilden sich präzise Suchkriterien heraus, die eine systematische Recherche ermöglichen (Ebster und Stalzer 2008, 41f).

- **Heuristische Suchstrategien**

Zum Einstieg in die Literaturrecherche bietet sich eine **pragmatische Suchstrategie** an, die u.a. Nachschlagewerke, Lehrbücher, Übersichtsartikel in Fachzeitschriften, Literaturdatenbanken und Bibliothekskataloge, Fachbibliographien oder Buchhandelskataloge als Einstiegsstellen nutzt. Sobald dabei irgendwie themenbezogene Literatur gefunden ist, stellt das so genannte **Schneeballsystem**, auch Methode der konzentrischen Kreise genannt, eine Möglichkeit dar, um rasch weitere relevante Quellen zu erschließen. Dabei werden ausgehend von einer Startliteraturstelle die darin zitierten Arbeiten recherchiert und von jenen wiederum die dort angeführten usw. Das Schneeballsystem liefert damit relativ rasche Ergebnisse. Zudem ermöglicht es, mehrfach verwendete Quellen als grundlegende oder wichtige Quellen zum Forschungsthema zu identifizieren. Allerdings mit dem Nachteil, dass nur Literatur erfasst werden kann, die älter ist als die Ausgangsquelle. Außerdem birgt diese Suchstrategie die Gefahr, durch so genannte „Zitierzirkel“, in denen sich AutorInnen, die inhaltlich oder persönlich in einem Naheverhältnis stehen, gegenseitig zitieren, ein einseitiges Bild des Forschungsgegenstandes zu erlangen (Balzert et al. 2008, 94; Ebster und Stalzer 2008, 46).

- **Systematische Recherche**

Aufgrund der genannten Nachteile heuristischer Suchstrategien empfiehlt sich in jedem Fall die Kombination mit einer systematischen Recherche. Ausgehend von einem präzisen Suchbegriff wird eine systematische wissenschaftliche Literaturrecherche „top down“ oder „bottom up“ durchgeführt (siehe Übersicht 6).

Übersicht 6: Methodik, Vor- und Nachteile von Suchstrategien für systematische wissenschaftliche Literatursuche

Suchstrategie	Methodik	Vorteile	Nachteile
Top down, Überblickssuche	Start der Suche mit allgemeinen Suchbegriffen, im Verlauf der Suche erfolgt eine Einengung des Suchhorizontes	Gewinnen eines Überblicks über das Thema - ganzheitliches Erfassen eines Themas	Aufwändig
Bottom up, spezifische Suche	Start der Suche mit spezifischen Suchbegriffen, im Verlauf der Suche erfolgt, wenn nötig, eine Verbreiterung des Suchhorizontes	Schnell, wenn ein Überblick über ein Thema schon vorhanden ist, effizient	Wichtige Informationen können leicht übersehen werden. Irreführende Recherchepfade können leichter eingeschlagen werden

Als Suchwerkzeuge kommen insbesondere Bibliothekskataloge, Literaturdatenbanken und Suchmaschinen im Internet in Frage, aber auch Buchhandelskataloge und Verlagsverzeichnisse, Fachbibliographien sowie persönliche Anfragen bei WissenschafterInnen und Forschungsinstitutionen bieten Zugang zu wissenschaftlichen Quellen.

- **Bibliothekskataloge**

  Bibliothekskataloge verzeichnen Bücher und die Titel der jeweils abonnierten Zeitschriften (nicht jedoch die Titel einzelner Zeitschriftenartikel). Universitäts- und Hochschulbibliotheken sowie andere wissenschaftliche Bibliotheken sind meist in Bibliotheksverbünden organisiert. Dies bietet den Vorteil, dass sowohl in den einzelnen Bibliothekskatalogen als auch im Gesamtkatalog recherchiert werden kann, zumal diese Kataloge in ihrer Struktur gleich aufgebaut sind. In Österreich, aber auch in einzelnen deutschen Bibliotheksverbünden wird mit dem Katalogsystem Aleph gearbeitet.

  Zur Auswahl stehen beispielsweise

  - Online-Kataloge einzelner Universitätsbibliotheken (BOKU, WU, TU, Uni Wien etc.),
  - der Gesamtkatalog des Österreichischen Bibliothekenverbundes (http://www.obvsg.at/kataloge/verbundkataloge/),
  - internationale Bibliotheks-Kataloge (etwa http://kvk.bibliothek.kit.edu/; http://www.nebis.ch/).

Gesucht werden kann in den Katalogen nach Schlagworten, Titel, AutorInnen, Erscheinungsjahr etc. Die Schlagwortsuche sollte verschiedene Aspekte des Themas berücksichtigen, weshalb auch Synonyme, Ober-, Unter- und verwandte Begriffe als Suchbegriffe verwendet werden sollten. Mittels Verknüpfungen der Suchbegriffe durch Boole'sche Operatoren (AND, OR, NOT) bzw. durch spezielle Filter (z.B. nach Erscheinungsjahr) lässt sich die Recherche einengen.

Platzhalter, auch Trunkierungszeichen oder Wildcards genannt, etwa „*", „?", „%" oder „$" erleichtern die Suche in Online-Katalogen. Welche Zeichen in den Katalogen zur Anwendung kommen, ist in der jeweiligen Online-Hilfe erklärt. Gibt man in das Suchfeld beispielsweise „scien*" ein, so wird die Datenbank automatisch nach science, scientists, scientific usw. durchsucht.

Nach Möglichkeit sollte man zumindest bei umfassenderen Recherchen mehrere Bibliotheken bzw. deren Kataloge nutzen, da sonst thematische Spezialsammelgebiete unentdeckt bleiben können. Fachbibliotheken können im Fall einer ungünstigen Anschaffungspolitik Lücken aufweisen.

Die gefundenen Quellen können zumeist online vorgemerkt bzw. bestellt und an den jeweiligen Bibliotheksstandorten abgeholt werden.

Zu beachten ist, dass die älteren Werke der Bibliotheken teilweise nicht im elektronischen System erfasst sind (etwa vor Mitte der 1980-er Jahre). Diese Werke müssen in den Zettelkatalogen der jeweiligen Bibliotheken vor Ort gesucht werden.

- **Literaturdatenbanken und Dokumentationsdienste**

  Neben den Bibliothekskatalogen zählen Literaturdatenbanken zu den wichtigsten Hilfsmitteln bei der systematischen Literaturrecherche. Für die verschiedenen Sachgebiete existieren Einrichtungen, die Zeitschriftenaufsätze, aber auch andere schriftliche Materialien laufend erfassen, inhaltlich durch Abstracts (kurze Inhaltsangaben) erschließen, systematisch zusammenstellen und durch Beschlagwortung ordnen.

  Gegenüber anderen Quellen, wie Fachbibliographien oder Handwörterbüchern, bieten sie folgende Vorteile:

  - einfache Suchmöglichkeit,
  - hohe Aktualität,
  - große Datenbestände,
  - einfache Literaturbeschaffung bei so genannten Volltextdatenbanken, von welchen man im Bedarfsfall Zeitschriftenartikel sofort herunterladen kann.

  Manche Online-Datenbanken sind allerdings zumindest für Volltext-Versionen kostenpflichtig.

Der Zugriff auf Datenbanken erfolgt zumeist online über Internet oder zum Teil per CD-Rom in den Universitätsbibliotheken. In der Regel kann man schon auf der Homepage der jeweiligen Bibliothek in Erfahrung bringen, auf welche Datenbankdienste (z.B. Science Citation Index Expanded, SOFIS – Sozialwissenschaftliches Forschungsinformationssystem, Springer Materials) jeweils Zugriffsmöglichkeiten bestehen.

Bei der Recherche in Datenbanken ist es hilfreich, für die Begriffe, nach denen gesucht wird, mehrere Synonyme bzw. fremdsprachliche Ausdrücke (vor allem englischsprachige) zu verwenden. In der Regel ist der größere Teil der Literaturquellen englischsprachig verfügbar.

Ebenso wie bei Bibliothekskatalogen ist die Verknüpfung von Suchbegriffen durch verschiedene Suchoperatoren bzw. die Verwendung von Platzhaltern möglich (jeweilige Online-Hilfe beachten).

- Recherchefunktionen stehen auch bei **Electronic Journal Collections** (virtuelle Zeitschriftenbibliotheken im Internet, teilweise mit Volltext-Download) zur Verfügung:
  - http://www.ingentaconnect.com
  - http://www.scopus.com
  - http://www.sciencedirect.com
  - http://link.springer.com

  Fallweise bieten Institutionen (Forschungseinrichtungen, Uni-Institute, Behörden etc.) auch eigene Literaturdatenbanken mit Suchfunktionen (z.B. Universität Bielefeld, http://www.base-search.net) an. Ebenso besteht bei einigen Fachzeitschriften die Möglichkeit, Online-Recherchen durchzuführen (teilweise Volltext) oder zumindest die Inhaltsverzeichnisse einzelner Ausgaben systematisch durchzusehen.

  In diesem Zusammenhang ist es wichtig, dass sich die Literatursuche nicht ausschließlich auf jene Journale beschränkt, die online verfügbar sind! Die Entscheidung, ob ein Online-Zugriff auf ein Journal möglich ist oder nicht, ist wesentlich von Kostenüberlegungen der betreffenden Einrichtung getragen und nicht von der Relevanz für das Recherchethema.

Unabhängig von der gewählten Suchstrategie gilt:

- Gefundene Quellen sollten samt Standort- und Signaturangabe bzw. samt Internetadresse in einer eigenen Literaturdatenbank oder Liste verzeichnet werden, um auf ein einmal gefundenes Material möglichst rasch wieder zugreifen zu können. Zur Literaturverwaltung bietet sich auch die Nutzung spezieller Software an.

- Empfehlenswert ist es, immer den gleichen Aufbau für Notizen über Quellenangaben zu wählen und dabei lieber ein paar Angaben zu viel als zu wenig festzuhalten, das erspart mühsames nachträgliches Ergänzen.
- Arbeitserleichternd ist es, Aufzeichnungen gleich so zu gestalten, dass sie sich später problemlos als Quellenangaben in ein Literaturverzeichnis einbauen lassen, d.h. es sollte von vornherein auf die Konformität mit allenfalls vorgegebenen Zitierrichtlinien geachtet werden. Literaturverwaltungsprogramme bieten bei der formalen Vereinheitlichung von Quellenangaben ebenfalls wertvolle Hilfe.

Es ist darauf zu achten, sich beim Suchen nach Literatur nicht zu verlieren. Die Recherche ist stets Mittel zum Zweck und sollte nicht zur Flucht ausarten vor der Notwendigkeit, sich eigene Gedanken zu machen und mit dem Schreiben zu beginnen (Franck 2004, 132).

8.4. Persönliche Kommunikation

Auskünfte von fachlich kompetenten Personen stellen eine wichtige Quelle für wissenschaftliche Recherche dar. Besonders (noch) nicht veröffentlichte Papiere wie „Werkstattberichte" oder Diskussionspapiere (graue Literatur) lassen sich durch direkten Kontakt zu im jeweiligen Themengebiet forschenden WissenschafterInnen beziehen.

Die fachliche Kommunikation erfordert eine gründliche Vorbereitung. Ein erster Schritt ist der Erwerb einer guten Kenntnis des Themas, um gezielt fragen zu können. Darauf folgt die Auswahl kompetenter Auskunftspersonen, was einen Überblick über den Kreis der relevanten AkteurInnen voraussetzt. Vor einer Kontaktaufnahme mit diesen Personen müssen also alle anderen Informationsquellen ausgeschöpft sein.

Erfolgreiche wissenschaftliche Kommunikation verlangt, sich genau vorzubereiten (Gesprächsleitfaden zusammenstellen) und vor dem Gespräch zu üben. Schriftliche Anfragen sind ebenso gründlich zu formulieren, das gilt besonders für Kommunikation über E-Mails. Zu bedenken ist, dass jede Anfrage immer auch eine persönliche Referenz („Visitenkarte") darstellt.

8.5. Informationssuche im Internet

Das Internet bietet durch seine offene Struktur eine sehr große Informationsfülle, allerdings weitgehend ohne Qualitätssicherung der angebotenen Informationen. Die Interessen derjenigen, die im Internet Informationen zur Verfügung stellen, sind verschieden. Der Rahmen ist sehr weit gespannt und reicht von wissenschaftlichen Präsentationen über Werbung bis hin zu ideologischen Indoktrinationsversuchen und Propaganda.

Informationen im Internet können falsch oder überholt sein. Offiziell aussehende Seiten können kopiert und inhaltlich verändert werden.

Die Schwierigkeit einer Internetrecherche besteht nicht darin, Informationen zu finden, sondern diese kritisch zu bewerten und zu selektieren. Ein kritischer Zugang ist daher die wichtigste Voraussetzung für eine erfolgreiche wissenschaftliche Informationssuche im Internet!

Übersicht 7 listet einige Kriterien auf, welche sich zur kritischen Bewertung von Internetseiten eignen.

Übersicht 7: Kriterien und Indikatoren für eine kritische Bewertung von Internetseiten

Kriterium	Indikator
Wer informiert?	Internet Domäne: Eine Internetdomäne fasst verschiedene Rechner unter einem Domänennamen zusammen (Pidde 2000, s.p.). Sie ist ein Teilbereich des DNS Namensraumes. Das DNS System ist eine dezentrale Datenbank im Internet, die den Namensraum desselben verwaltet. Sie ist hierarchisch geordnet. TOP – LEVEL DOMÄNEN **Top Level Domain** (*Bereich oberster Ebene*; Abkürzung **TLD**) bezeichnet den letzten Namen einer Domäne und stellt ihre höchste Ebene dar: .edu … educational; üblicherweise Colleges und Schulen .com … kommerzielle Seite, Firma etc. .gov … governmental, Regierungsseite .org … Nichtregierungsorganisation .at … Österreich .de … Deutschland SUBDOMÄNEN .co.at Österreichische Firma .or.at Österreichische Nichtregierungsorganisation .gv.at Österreichische Regierungsorganisation .ac.at Österreichische Universität oder Akademie der Wissenschaften Wird ein ***Autor*** bekannt gegeben und ist dieser bekannt? Sind ***Referenzen*** auf der Seite zu finden? Werden ***Name und Kommunikationsverbindungen*** bekannt gegeben?
Mit welchem Interesse wird informiert?	Informationen über Tätigkeitsbereich, Selbstverständnis, Geschichte oder Programm vorhanden? Werbung auf der Seite vorhanden?

Für die Suche nach relevanten Internetadressen lassen sich nach Intensität der Bewertung und Reihung verschiedene Kategorien bilden.

- Subject index Suchmaschinen – geringster Grad menschlicher Intervention
- Subject directory und annotated directory - nach Themen gruppierte, ausgewählte und kommentierte Linksammlungen

Übersicht 8: Beispiele für subject directories und annotated directories

Titel	URL	Beschreibung
ipl2	http://www.ipl2.org/	Dokumentierte und kommentierte Auswahl für verschiedene Fachbereiche mit Schwerpunkt auf Seiten mit hohem Informationsgehalt und -qualität
Infomine	http://infomine.ucr.edu/	Sammlung von Adressen die ausgewählte akademische Information präsentieren
WWW Virtual Library	http://vlib.org/	Ältester Web-Katalog, hoch-qualitative Sammlung von Adressen für verschiedene Fachbereiche

8.6. Literaturbeschaffung

Nach der Literaturrecherche folgt die Literaturbeschaffung, die manchmal mit großem Aufwand verbunden sein kann. Bücher können aus der Freihandaufstellung oder aus dem Magazin einer Bibliothek entlehnt werden. Dazu ist eine Anmeldung bei der jeweiligen Bibliothek erforderlich.

Zeitschriften sind prinzipiell überwiegend online verfügbar. Manche sogenannte „Open-Access"-Journals bieten einen kostenfreien Zugang und ermöglichen einen Gratisdownload von Artikeln. Andere wiederum machen den Volltext von Beiträgen nur gegen Bezahlung verfügbar. Dann lassen sich die entsprechenden Inhalte nur herunterladen, wenn man entweder einer Organisation angehört, welche die betreffende Zeitschrift abonniert hat, oder wenn man einen Kaufpreis für den Einzelbeitrag entrichtet. Printversionen von Zeitschriften sind meist in speziellen Bereichen der Bibliothek entweder in einzelnen Ausgaben (laufende Jahrgänge) oder gebunden nach Jahrgängen zu finden.

Ist ein bestimmtes Werk in einer Bibliothek vor Ort nicht verfügbar, kann es in der Regel gegen eine geringe Gebühr über Fernleihe aus einer anderen Bibliothek bestellt werden.

Allgemein kann es eine Alternative zur traditionellen Literaturbeschaffung sein, den Autor/die Autorin anzuschreiben und ihn/sie um Zusendung des Beitrages (in Form eines sogenannten Sonderdrucks) zu ersuchen. In Online-Wissenschaftsnetzwerken, wie beispielsweise www.researchgate.net, sind viele ForscherInnen vernetzt und stellen dort ihre Publikationen zum Download bzw. auf Anfrage zur Verfügung.

8.7. Literaturauswahl

Als Resultat der Literaturrecherche liegt üblicherweise eine Liste von Literaturangaben vor. Die identifizierten Literaturfunde sind einerseits auf Relevanz für die eigene Arbeit zu prüfen und andererseits hinsichtlich ihrer wissenschaftlichen Qualität zu bewerten. Denn nicht alle Quellen entsprechen den nötigen Anforderungen, um in eine wissenschaftliche Arbeit Eingang zu finden.

Als eine erste grobe Faustregel, nach der man Selektionsentscheidungen treffen kann, taugt die Maxime: Als zitabel und für eine wissenschaftliche Arbeit brauchbar gelten üblicherweise jene Werke, die selbst zitieren.

Die Qualitätsbeurteilung eines Textes kann sich von folgenden Fragen leiten lassen:

- Welche Absicht hat der Autor mit seiner Forschung verfolgt? Welchen Zweck erfüllt dieser Artikel/dieses Buch? An welche Zielgruppe wendet sich das Werk?
- Basiert die Arbeit auf wissenschaftlichen Kriterien wie etwa Sachlichkeit und Objektivität?
- Ist nachvollziehbar, wie die wissenschaftliche Arbeit zu ihren Erkenntnissen kam?
- Welche Reputation hat der Verlag, in dem das Buch oder die Zeitschrift erschienen ist?
- Hat die Publikation einen Begutachtungsprozess durchlaufen?

Prinzipiell muss sich die Auswahl der Literatur an den zentralen Aspekten des Themas und am Rang bzw. am angestrebten Niveau der eigenen wissenschaftlichen Arbeit orientieren. Dementsprechend ist bei jeder einzelnen ausfindig gemachten Quelle anhand der oben genannten einfachen Grundfragen zu entscheiden, ob sie zum eigenen Vorhaben passt oder nicht.

8.8. Praktische Tipps zur wissenschaftlichen Literaturrecherche

Es empfiehlt sich,

- auf eine Erfassung spezifischer Literatur in Fachzeitschriften bedacht zu sein. Aus dem Verhältnis zwischen angeführten Quellen, die aus Zeitschriften oder Sammelwerken stammen und solchen, die Monographien darstellen, lässt sich die Rechercheintensität und -qualität erschließen; als generelle Faustregel gilt: je höher der Zeitschriftenanteil, desto aufwändiger war das Quellenstudium.

- gefundenes und ausgewähltes Material nach Möglichkeit zu thematischen Untergruppen zusammenzufassen, die jeweils einen besonderen Aspekt des ins Auge gefassten Themas beleuchten. Das erleichtert die spätere Strukturierung der Arbeit und begünstigt eine allenfalls nötige weitere Themeneingrenzung.
- nur relevante Literatur und möglichst spezifische Werke aufzulisten. Auf die Anführung allgemeiner Grundlagenwerke (z.B. Konversationslexika) ist eher zu verzichten. Getreu der Grundregel: Je weniger spezifisch die ausfindig gemachte Literatur ist, desto eher entsteht der Eindruck wenig tiefgehender, oberflächlicher Recherchen.
- auf entsprechende autoren-, verlagsmäßige und zeitliche Streuung zu achten. Über Autoren, Erscheinungsjahre, Verlage etc. kann sich der Kenner rasch ein Bild über die Qualität der Recherchen machen und etwa allfällige Einseitigkeiten, ideologische Fixierungen etc. schon im Vorfeld orten.
- in Zusammenstellungen, die den gegenwärtigen Stand der Literatur zu einem Themenkreis dokumentieren sollen, nur wirklich „zitable“ Literatur aufzunehmen, sonst entsteht womöglich der fatale Eindruck, die eigenen Forschungsbemühungen seien vom journalistischen Boulevard geprägt. Getreu dem Grundsatz, dass all jene Veröffentlichungen als in wissenschaftlichen Werken zitierfähig gelten, die ihre Quellen und die eingeflossene Literatur ihrerseits transparent machen.
- Literaturlisten nicht allzu sehr zu überladen. Ein Ausufern zeugt von mangelnder Selektionsfähigkeit oder Imponiergehabe und erschwert für die eigene Themenfindung die Orientierung.
- Literaturlisten aber auch nicht zu knapp geraten zu lassen. Wenn „Standardliteratur“ fehlt, ist das als Mangel bzw. als Indiz für zu wenig intensive Recherchetätigkeit zu werten.
- Als Hilfsregel für die Ortung von Standardquellen mag der Hinweis dienen, dass als solche jene Quellen anzusehen sind, die in der ausfindig gemachten Literatur in den dortigen Literaturverzeichnissen regelmäßig bzw. sehr häufig zitiert erscheinen (wobei man sich über die Häufigkeit der Zitation einzelner Beiträge in eigenen Verzeichnissen kundig machen kann [z.B. Journal Citation Index oder Google Scholar]).

8.9. Literaturauswertung

Die Literaturauswertung umfasst grundsätzlich ein systematisches Durcharbeiten jener Textpassagen, die für das eigene wissenschaftliche Vorhaben substantielle Beiträge versprechen. In diesem Zusammenhang sei vor einem häufigen Irrtum gewarnt: Bloßes

Fotokopieren oder Downloaden ersetzt nicht die geistige Auseinandersetzung, wie manche fälschlich meinen! D.h., es gilt auf der Hut zu sein vor der Gefahr, zu fotokopieren statt zu exzerpieren, abzuheften statt durchzuackern! (Esselborn-Krumbiegel 2004, 78).

Wie Abbildung 17 veranschaulicht, lassen sich beim Erfassen und Exzerpieren von Textmaterial fünf Schritte unterscheiden. Spätestens nach den ersten beiden („Überfliegen" und „Orientierung") sollte die Prüfung auf Relevanz und Qualität abgeschlossen sein.

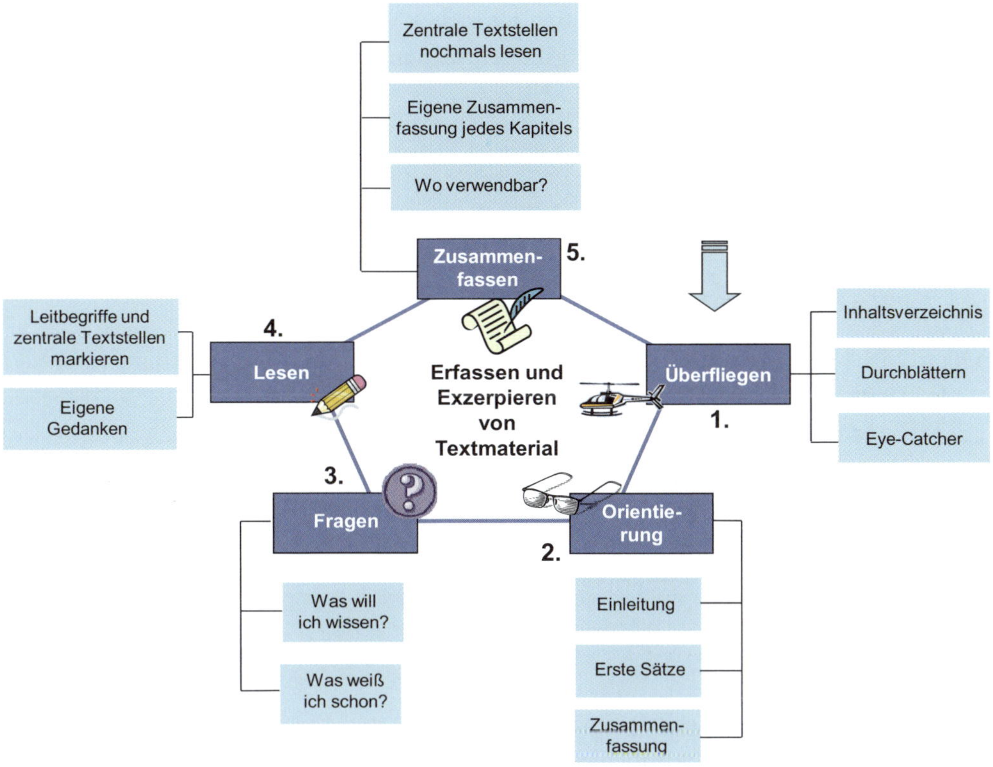

Abbildung 17: Schritte der Texterfassung für wissenschaftliche Arbeiten (nach Esselborn-Krumbiegel 2004, 74)

Sodann ist es für das Auswerten eines Werkes dienlich, sich Leitfragen zurechtzulegen, die man an den Text stellt. Solche „Fragen orientieren, sie geben der Lektüre ein greifbares Ziel" (Franck 2004, 118). Sie helfen auch, sich selbst die meist vorhandene, unausgesprochene Lektüreerwartung bewusster zu machen. Grundsätzlich gilt: Je genauer man selbst weiß, was man aus der Sekundärliteratur zu erfahren hofft, desto deutlicher antwortet diese auch.

Während des Lesens gilt es, Schlüsselbegriffe zu markieren und eigene Gedanken, die einem während der Lektüre durch den Kopf gehen, sofort zu notieren. Danach steht die

Reflexion des Gelesenen an: wesentliche Textteile sind allenfalls nochmals zu lesen und eigene Zusammenfassungen vorzunehmen. Eine gute Gliederung (Disposition) des eigenen Vorhabens erleichtert die Antwort auf die Frage, wo gelesene Textteile verwendbar sein könnten.

Eine weitere Orientierung zur Optimierung des Lesens gibt die aus den USA stammende „SQ3R-Methode". Diese unterteilt den Leseprozess in fünf Schritte (Stickel-Wolf und Wolf 2002, 7):

> Survey: Durchsehen, sich einen Überblick verschaffen (Inhaltsverzeichnis, Kapitelüberschriften, Forschungsfragen, Zusammenfassung)
>
> Question: Fragen an den Text stellen
>
> Read: Genaues Lesen
>
> Recite: Rezitieren, die wesentlichen Punkte zusammenfassen, versuchen, die gestellten Fragen zu beantworten
>
> Review: Wiederholen bzw. wiedergeben

Die SQ3R-Methode soll die Erinnerungsfähigkeit der LeserInnen deutlich verbessern und zu einem tieferen Verständnis der gelesenen Texte beitragen. Die so genannte „PQ4R-Methode" (Ebster und Stalzer 2008, 67), wobei „P" für Preview/Vorprüfung steht, erweitert diese Herangehensweise um einen entscheidenden Schritt, jenen des Reflektierens („Reflect"). Dieser sieht vor, zwischen den Stufen des „Read" und „Recite", das Gelesene mit bereits bekannten Sachverhalten in Verbindung zu bringen und damit ein vernetztes Denken zu fördern.

8.10. Erstellung von Exzerpten

Der Sinn und Zweck eines Exzerptes besteht darin, die – in Bezug auf die eigene wissenschaftliche Arbeit – wesentlichsten Punkte einer Literaturquelle kurz und prägnant schriftlich herauszuarbeiten.

Das Exzerpieren – aus dem lateinischen *excerpere* (herausnehmen) – verfolgt drei Ziele (Rost 2003, 88):

- Einen Text besser zu verstehen und das Verstandene in das eigene Wissen zu integrieren;
- Den eigenen Lernaufwand zu sichern und das Gelesene für die weitere Arbeit aufbereitet zur Verfügung zu haben;
- Vor dem Vergessen zu schützen.

Als Orientierung für diese Textverdichtung kann die Gliederung der Originalschrift dienen, es kann jedoch auch eine eigene gedankliche Logik dabei helfen, die zentralen Aussagen mit bestehendem Wissen zu vernetzen.

Ein Exzerpt kann entweder ein wörtlicher oder ein sinngemäßer Auszug des Textes sein (Stickel-Wolf und Wolf 2002, 30). In jedem Fall ist darauf zu achten, dass fremdes und eigenes Gedankengut in der Niederschrift deutlich voneinander getrennt wird, sodass in der späteren Verarbeitung ein korrekter Umgang mit den übernommenen Textteilen (Zitierrichtlinien) gewährleistet werden kann. Grundsätzlich sind all jene relevanten Textteile zu exzerpieren, auf die im weiteren Arbeitsprozess noch einmal zurückgegriffen werden soll.

Wenngleich das Exzerpieren von Texten mitunter eine mühevolle Aufgabe sein kann, so ist es dennoch eine hilfreiche Methode, um

- sich neu erworbene Informationen einzuprägen und zu behalten,
- einen Text knapp und übersichtlich für eine Diskussion, eine Seminareinheit, eine Arbeitsaufgabe zur Verfügung zu haben,
- eine Literaturquelle für die eigene wissenschaftliche Arbeit aufzubereiten,
- die relevanten Aussagen einer Literaturquelle festgehalten zu haben, auch wenn diese nicht mehr verfügbar ist (z.B. beschränkte Entlehnfristen in Bibliotheken),
- eine Merkhilfe für Wiederholungen zu erstellen (z.B. Karteikarten) (Stickel-Wolf und Wolf 2002, 30f).

Den Wert des Exzerpierens möge folgender Hinweis unterstreichen: nicht durch das Kopieren von Texten, sondern erst durch das Lesen und Verstehen derselben wächst der Informationsstand!

„Der wahre Zweck eines Buches ist, den Geist hinterrücks zum eigenen Denken zu verleiten.“
Marie von Ebner-Eschenbach (1830-1916)

8.11. Wiederholungsfragen

1. ***Was sind die Ziele einer wissenschaftlichen Recherche?***

a) Den Stand der Forschung zu einem bestimmten Thema erfassen

b) Duplizitäten vermeiden

c) Die Fachsprache in einer bestimmten Wissenschaftssparte erlernen

d) Das eigene Wissen zu vertiefen

2. ***Beurteilen Sie, ob es sich bei folgendem Verfahren um Primär- oder Sekundärforschung handelt: „Um die Akzeptanz eines geplanten Naturschutzgebietes unter der regionalen Bevölkerung und Touristen zu erheben, werden Befragungen von zumindest 350 Personen durchgeführt.“***

a) Primärforschung

b) Sekundärforschung

3. ***Welche Vorteile bieten Literaturdatenbanken und Dokumentationsdienste im Vergleich zu anderen Quellen?***

a) Hohe Aktualität

b) Systematische Zusammenstellung nach Sachgebieten

c) Große Datenbestände

d) Einfache Suchmöglichkeit

e) Uneingeschränkter kostenfreier Zugang zu Volltexten

4. ***Ein von einer Firma in Auftrag gegebener Forschungsbericht ist:***

a) eine primäre Quelle

b) graue Literatur

c) tertiäres Material

d) eine sekundäre Quelle

5. ***Sie recherchieren zur Frage von Änderungen der Sturmhäufigkeiten im Internet. Welche Seite erscheint Ihnen in der ersten Annäherung am vertrauenswürdigsten?***

a) de.wikipedia.org

b) http://www.zamg.ac.at/

c) www.bauernzeitung.at

d) www.baumversicherung.ch

6. ***Eine Literaturrecherche nach dem Schneeballsystem***

a) liefert rasche Ergebnisse

b) empfiehlt sich als Beginn einer systematischen Literatursuche

c) nutzt die Gesamtheit der aktuellen Literatur

d) ist eine systematische Recherche

7. ***Ein Student hat einen Artikel bekommen und sucht nach den im dortigen Quellenverzeichnis angegebenen Beiträgen. Das beschriebene Vorgehen des Studenten ist eine:***

a) pragmatische Suchstrategie

b) systematische Recherche

c) Recherche nach dem Schneeballprinzip

d) Heuristische Suchstrategie

e) Bottom up Suche

f) Top down Recherche

Lösungen zu den Wiederholungsfragen siehe Seite 159f.

9. Spezielle Regeln des Zitierens

„Man kann sich zwar mit fremden Federn schmücken, aber man kann nicht mit ihnen fliegen."
*Gerhard Uhlenbruck (*1929)*

Das Kapitel *Spezielle Regeln des Zitierens* beantwortet folgende Fragen:

? Warum übernehmen WissenschafterInnen fremde Gedanken bzw. Formulierungen und wieso sind Bezugnahmen auf Arbeiten anderer offenzulegen?

? Wie sind Anleihen beim Ideengut anderer offenzulegen?

? Wieso legen Wissenschaftsprofis auf exaktes Zitieren großen Wert?

? Wann respektive was zitiert man (nicht)?

? Welche Grundsätze gelten für Literatur- und. Quellenangaben?

? Welche Rückschlüsse lassen sich aus dem Literatur- und Quellenverzeichnis einer Arbeit über deren Qualität ziehen?

? Welche Missbräuche lassen sich fallweise beim Zitieren beobachten?

Das Kapitel *Spezielle Regeln des Zitierens* verfolgt nachstehende Lernziele:

- In der Lage sein, korrekt zu zitieren, zu belegen bzw. zu paraphrasieren
- Im Stande sein, blanke Oberflächlichkeit sowie reines Imponiergehabe beim Umgang mit Literaturquellen zu entlarven
- Den tieferen Sinn unterschiedlicher – meist fachdisziplinabhängiger – Konventionen verstehen

Richtig zitieren, statt plagiieren! – Ein Grundsatz, dessen Beachtung einen vor späterem Ungemach (z.B. Aberkennung eines akademischen Titels) schützt. Fremde Quellen zu verarbeiten, ist nichts Unstatthaftes; die Übernahme des Gedankengutes oder von Materialien anderer gehört aber offengelegt. Korrektes Zitieren verwendeter Quellen sichert das Urheberrecht, gewährleistet die Nachvollziehbarkeit und macht den Ursprung von Ideen transparent, eindeutig identifizierbar und auffindbar.

9.1. Zitiersysteme

Es gibt eine Reihe von Zitiersystemen in verschiedenen Wissenschaftsdisziplinen. Prinzipiell lassen sich zwei Grundtypen von Systemen unterscheiden: Autor und Jahr-Systeme und Text-Nummernsysteme. Die am häufigsten verwendeten Autor und Jahr-Systeme sind das Harvard-System (O'Connor 1991, 81) und das System der American Psychological Association (APA), die einander stark ähneln.

Bei Text-Nummernsystemen werden die Zitate im Text mit durchlaufenden Nummern gekennzeichnet und das Zitat nach der jeweiligen Nummer im Literaturverzeichnis oder als Fußnote angeführt. Diese Methode wird im Vancouver-System und dem Modern Language Association (MLA)-System verwendet. Vor allem juristische Arbeiten stützen sich sehr häufig auf derartige Systeme, weil sie den Lesefluss weniger stören.

Die HerausgeberInnen von Fachjournalen bzw. die Verlage stellen im Rahmen der verwendeten Zitiersysteme eigene Formvorschriften auf, die leicht voneinander abweichen. Das vorliegende Buch „Wissenschaftliches Arbeiten. Eine Einführung." orientiert sich am Autor-Jahr-System. Im Sinne der Leserfreundlichkeit ist vor allem auf Konsistenz und Genauigkeit zu achten. Die Formvorschriften sollen jenen, die eine wissenschaftliche Arbeit nachvollziehen wollen, die Rekonstruktion der Nutzung von Quellen so leicht wie möglich machen. Deswegen muss man auch vermeiden, innerhalb ein und derselben Arbeit mehrere, verschiedene Zitierweisen zu verwenden – das stiftet unnötige Verwirrung.

9.2. Regeln für das Zitieren im Text

Sämtliche Aussagen, die wörtlich oder sinngemäß aus dem Werk anderer AutorInnen entnommen wurden, sind im Fließtext ordnungsgemäß zu zitieren. Die folgende Graphik soll bei der Beurteilung helfen, ob Textpassagen zitiert werden müssen oder nicht.

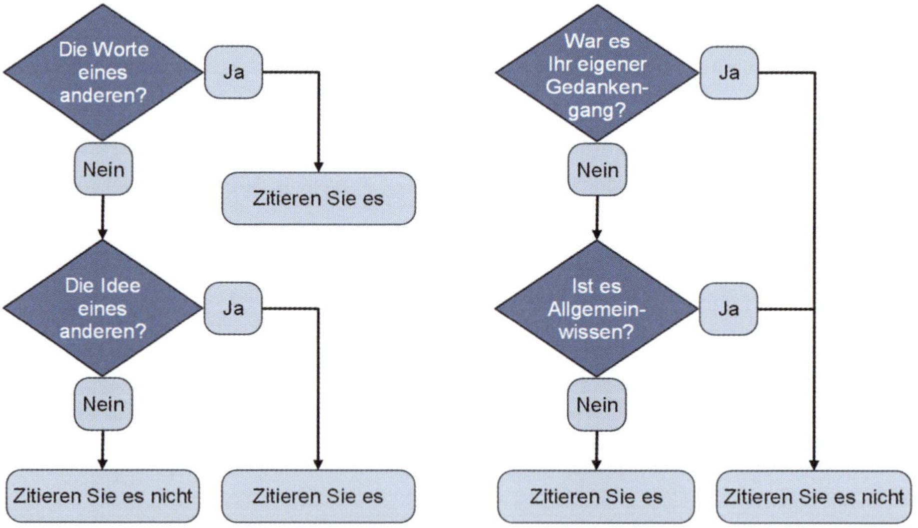

Abbildung 18: Prüffragen für das Zitieren von Textpassagen *(nach Harris 2001, 155ff)*

Nach dem Harvard-System werden Zitate im Text gemäß der Autor-Jahr-Methode mit dem Nachnamen des Autors/der Autorin bzw. Autoren und Autorinnen sowie dem Publikationsjahr, in eine runde Klammer gestellt, gekennzeichnet (Nachname Jahr). Sämtliche im Text angeführten Zitate sind im Literaturverzeichnis (Bibliographie, References) am Ende der Arbeit anzuführen (siehe zum Harvard-System beispielsweise Bournemouth University 2007, s.p.).

Bei anonymen Quellen, wo kein Name ersichtlich ist, steht anstatt des Namens des Autors/der Autorin „N.N." (nomen nescio) bzw. in englischen Texten „Anon." (Anonymous). Für den Fall, dass kein Publikationsjahr bekannt ist, wird an dessen Stelle die Abkürzung „s.a." für "sine anno" (ohne Jahr) angeführt (im Englischen „no date").

9.2.1. Wörtlich übernommene Textstellen

Wörtliche Zitate werden in den Fließtextkörper eingebunden und mit Anführungszeichen „..." gekennzeichnet. Zusätzlich zum Nachnamen des Autors/der Autorin und dem Publikationsjahr müssen außerdem die durch einen Beistrich vom Jahr getrennten Seitenzahlen angegeben werden (Nachname Jahr, ##).

Der Originaltext ist prinzipiell mit sämtlichen Hervorhebungen und – allfällig vorhandenen – Fehlern zu übernehmen; auf Fehler im Original kann durch den Zusatz [sic] hingewiesen werden. Jede Einfügung in den oder Änderung am Originaltext (wie Umstellung der Wortfolge, Hervorhebung, Interpunktion etc.) ist durch eckige Klammern zu verdeutlichen. Runde Klammern sind nicht ausreichend, da sie ja dem Text selbst angehören können.

Eigene Hervorhebungen im Zitat sind erlaubt und durch [Hervorh. nicht im Original] zu markieren. Auslassungen dürfen den ursprünglichen Sinn nicht verändern; an ihrer Statt stehen drei ... Punkte. Anführungszeichen im Zitat werden durch Apostrophe wiedergegeben (d.h. statt „xxx" steht 'xxx').

9.2.2. Sinngemäße Zitate

Sinngemäße Zitate übernehmen Gedanken anderer AutorInnen in freier Übertragung, d.h. in eigenen Worten. Sie sind daher nicht unter Anführungszeichen zu setzen und jedenfalls so zu gestalten, dass der ursprüngliche Sinn erhalten bleibt.

Der zur Kennzeichnung eines sinngemäßen Zitats dienende Quellenverweis ist ebenfalls in Klammer zu setzen und kann durch vgl. (für „vergleiche") kenntlich gemacht werden. In den Naturwissenschaften ist es nicht unbedingt üblich, sinngemäße Zitate durch vgl. kenntlich zu machen. Hier gilt ebenfalls, dass ein einmal gewähltes System konsistent zu verfolgen ist. Für sinngemäße Zitate ist die Angabe von Seitenzahlen nicht zwingend erforderlich, jedoch hilfreich.

9.2.3. Quellenverweise

Der Quellenverweis umfasst die Namen des Autors/der Autorin bzw. der AutorInnen, das Erscheinungsjahr und, bei wörtlichen Zitaten, die Seitenangabe.

- Die **AutorInnenangabe**: In Abhängigkeit von der jeweiligen Quelle steht
  - bei einem Einzelautor, einer Einzelautorin dessen/deren Familienname,
  - bei zwei AutorInnen beide Familiennamen durch „und“ (Englisch „and“) verbunden,
  - bei mehr als zwei AutorInnen nur der Familienname des/der Ersten mit dem Zusatz „et al.“ (für et alii = und andere),
  - bei als AutorInnen bzw. HerausgeberInnen firmierenden Institutionen deren offizielle Bezeichnung oder deren geläufige Abkürzung,
  - bei fehlendem Autor steht statt eines Familiennamens „N.N.“ (für nomen nescio) bzw. im Englischen „Anon.“
  - bei manchen Quellen ohne Ausweisung des Autors/der Autorin wie etwa bei Zeitungsartikeln wird anstatt „N.N.“ der Titel des Blattes angeführt z.B. (Der Standard 2007, 4).
  - bei Bezug auf eine Quelle, die nicht aus dem Originaltext entnommen, sondern aus einem anderen Werk zitiert wird, werden beide Quellen im Text zitiert, z.B. (Meier 1987 zit. nach Huber 2000, 56); im Englischen: (Meier 1987 cited Huber 2000, 56).
- Die **Zeitangabe** nennt das in der Quelle ausgewiesene Erscheinungsjahr.
  - Werden in einer Arbeit mehrere Quellen eines Autors, einer Autorin, die aus demselben Jahr stammen, zitiert, so ist der Jahreszahl zur eindeutigen Identifizierung ein Kleinbuchstabe in alphabetischer Reihung (unmittelbar anschließend, also ohne Leerzeichen) beizufügen, z.B. „xxx“ (Harvey 1994a, 12) „xxx“ (Harvey 1994b, 45).
  - Ist in der Originalquelle kein Erscheinungsjahr ersichtlich, steht statt der Jahreszahl „s.a.“ (für sine anno), im Englischen „no date“.
- Die **Seitenangabe** führt die Fundstelle von wörtlichen Zitaten innerhalb der Quelle an.
  - Geht ein Zitat im Original über zwei Seiten, dann wird nur die Seitenzahl des Zitatbeginns, allerdings mit dem Zusatz „f“ (für folgende) angegeben.
  - Geht ein Zitat im Original über mehr als zwei Seiten, dann wird ebenfalls nur die Seitenzahl des Zitatbeginns, allerdings mit dem Zusatz „ff“ (für fortfolgende) angegeben.

- Gibt es in der Quelle keine Seitenzahlen, steht statt der Seitenangabe „s.p." (für sine pagina).

Im Quellenverweis steht zuerst die Namensangabe, daran schließt ohne Satzzeichen die Zeitangabe. Die Zeitangabe wird durch einen Beistrich von der nachfolgenden Seitenangabe getrennt. Da der Quellenverweis stets Bestandteil einer inhaltlichen Aussage ist und unmittelbar zu dieser gehört, ist am Satzende das schließende Satzzeichen nach dem Quellenverweis anzuführen.

Wörtliches Zitat, Autorenname im Text integriert:

Wie Hempel (1977, 71) betont, müssen Erklärungen und Prognosen stets „erklärende Relevanz" aufweisen.

Wörtliches Zitat, Name des Autors, der Autorin nicht im Text integriert:

Erklärungen und Prognosen müssen stets „erklärende Relevanz" aufweisen (Hempel 1977, 71).

Wörtliches Zitat, mit Fehlerübernahme und Auslassung aus einer von einem Autor, einer Autorin verfassten Quelle, in der es keine Seitenzahlen gibt:

„Die Ausfuren [sic] von Zuchtrindern werden vorwiegend auf Lieferungen von hochwertiger Qualität ... zurückgehen" (Müller 1996, s.p.).

Wörtliches Zitat mit erklärender Einfügung aus einer von zwei AutorInnen verfassten Quelle, in der kein Erscheinungsjahr ersichtlich ist:

„In diesem Jahr [1994] stimmte Österreich für den EU-Beitritt" (Kynos und Satyr s.a., 7).

Wörtliches Zitat, das im Original über zwei Seiten läuft und einer Quelle eines Autors, einer Autorin entstammt, von dem/der zuvor bereits zwei andere aus dem selben Jahr stammende Quellen zitiert wurden:

„Diese Grundrecherche in Bibliothekskatalogen, Datenbanken und ähnlichen Quellen dient vor allem dazu, das Thema zu präzisieren" (Ebster und Stalzer 2008c, 20f).

Wörtliches Zitat mit Anführungszeichen im Original das über zwei Seiten läuft:

"Quelle der Erkenntnis ist nicht mehr die Deduktion, sondern die Induktion: Man beobachtet – vorzugsweise mit Hilfe eines Experiments – einzelne Fälle und schließt dann aus einer endlichen Anzahl an Beobachtungen auf ein zugrunde liegendes Gesetz (‚vom Besonderen auf das Allgemeine')" (Kornmeier 2007, 36f).

> Sinngemäßes Zitat aus einer von einer Institution herausgegeben Quelle:
>
> Originalität und Qualität einer wissenschaftlichen Arbeit sind für deren Beurteilung von höherer Bedeutung als die Quantität (ÖRK 2001, s.p.).

9.3. Regeln für die Erstellung des Literatur- und Quellenverzeichnisses

9.3.1. Wesen des Literatur- und Quellenverzeichnisses

Das Literatur- und Quellenverzeichnis (Englisch „Bibliography" oder „References") listet Angaben zu sämtlichen Quellen, die im Text zitiert wurden, – und nur diese! – in geordneter Form auf (d.h., ergänzende und weiterführende Literatur und nur gelesene, aber nicht eingearbeitete Literatur bleiben unerwähnt bzw. werden in einer eigenen Aufzählung wie z.B. „Weiterführende Literatur" oder „Further Reading" festgehalten). Unstatthaft ist es, das Literaturverzeichnis dadurch kompetenter erscheinen zu lassen, dass man Werke aufführt, die man nicht gelesen und verarbeitet hat.

Das Literatur- und Quellenverzeichnis muss den Grundsätzen der Eindeutigkeit und der formalen Einheitlichkeit genügen.

9.3.2. Funktionen des Literatur- und Quellenverzeichnisses

Das Literatur- und Quellenverzeichnis erfüllt mehrere Aufgaben gleichzeitig.

- Primär schafft es eine Möglichkeit für jene, die eine wissenschaftliche Arbeit möglichst vollständig nachvollziehen wollen, tatsächlich zu den verwendeten Quellen vorzustoßen.
- Ferner vermittelt es einen Überblick über die vom Autor, von der Autorin verarbeitete Literatur und über die verwerteten Quellen und lässt dadurch Rückschlüsse über die aufgewendete Zeit und Sachkundigkeit zu.
- Es liefert ein Indiz für den Aktualitäts- und Qualitätsstandard der Arbeit.
- Es kann als Recherchebasis für aufbauende und weiterführende Arbeiten dienen.

9.3.3. Gestaltung des Literatur- und Quellenverzeichnisses

Die Quellenangaben sind nach Familiennamen der AutorInnen (bzw. nach Institutionsbezeichnung) **alphabetisch** zu **ordnen**. Zitiert die Arbeit mehrere Werke gleicher AutorInnenschaft, so sind diese chronologisch (das Früheste zuerst) zu reihen bzw. bei mehreren Werken innerhalb eines Erscheinungsjahres gemäß dem Zusatz 1994a, 1994b alphabetisch zu ordnen.

Die Quellenangaben umfassen jedenfalls die Autoren-, Zeit- und Titelangaben sowie

- bei Büchern die Orts- und Verlagsangabe bzw.
- bei Artikeln die Zeitschriften-, Jahrgangs- und Seitenangaben.

Im Literaturverzeichnis umfasst die AutorInnenangabe neben dem Familiennamen auch den mit Großbuchstaben abgekürzten Vornamen; bei mehreren AutorInnen sind grundsätzlich alle mit vollem Zu- und abgekürztem Vornamen anzuführen. Familienname und Abkürzung des Vornamens sind jeweils durch Beistrich zu trennen; bei mehreren Autoren sind diese durch Strichpunkte voneinander abzusetzen, wobei allerdings der letzte Autor mit „und" angefügt wird (im Englischen „and"). Akademische oder Berufstitel sind grundsätzlich nicht anzuführen.

Auf den/die Namen der AutorInnen folgt durch einen Beistrich getrennt die Zeitangabe, die das Erscheinungsjahr – allenfalls mit Ergänzungsbuchstabe – anführt. Auf das Erscheinungsjahr folgt ein Punkt.

Die Titelangabe gibt den Wortlaut des Haupttitels sowie eines allfälligen Untertitels wieder; sie schließt wiederum mit einem Punkt.

Die nur bei **Büchern (Monographien)** übliche Orts- und Verlagsangabe führt die in der Quelle genannten Erscheinungsorte (bei mehreren Orten kann man sich auch nur mit der Angabe des Hauptsitzes des Verlages begnügen) bzw. den Verlag an; wobei der zu einem Verlag gehörige Verlagsort vorangestellt und durch einen Doppelpunkt vom Verlagsnamen getrennt wird. Sofern der Quelle kein Erscheinungsort zu entnehmen ist, macht man das durch „s.l." für sine loco (lat. ohne Ort) kenntlich.

Nachname, Initiale(n) des Vornamens., Erscheinungsjahr. Titel. Auflage (falls nicht die erste). Publikationsort: Verlag.

> Buch (Monographie eines Einzelautors):
>
> Burchardt, M., 1995. Leichter studieren – Wegweiser für effektives wissenschaftliches Arbeiten. Berlin: Berlin Verlag.
>
> Buch mit mehreren Autoren und Auflagen:
>
> Rückriem, G.; Stary, J. und Franck, N., 1992. Die Technik wissenschaftlichen Arbeitens. 7. aktualisierte Aufl. Paderborn: Schöningh Verlag.

Bei **Zeitschriftenartikeln** steht statt der Orts- und Verlagsangabe der Name der Zeitschrift (allenfalls in einer abgekürzten Form), die Nummer des Bandes oder Jahrganges, Anfangs- und Schlussseite des Beitrages.

Nachname, Initiale(n) des Vornamens., Erscheinungsjahr. Titel des Zeitschriftenartikels. Titel der Zeitschrift, Nummer (und evtl. Bandnummer in Klammer), Seitenzahlen des Artikels.

Zeitschriftenartikel eines Autors:

Wirth, U., 1995. Abduktion und ihre Anwendungen. Zeitschrift für Semiotik, 17, 405-424.

Aufsätze aus Sammelwerken werden wie Zeitschriftenartikel zitiert; statt des Namens und des Jahrganges der Zeitschrift steht: In: Familienname(n) und abgekürzte(r) Vorname(n) des(r) Herausgeber(s)/der Herausgeber(innen) (respektive Institutionsbezeichnung) nach einem Beistrich ergänzt mit der Abkürzung Hrsg. Titel-, Orts- und Verlagsangabe des Sammelwerkes, zuletzt werden die jeweiligen Seitenzahlen angeführt. Die Abkürzung „Hrsg." wird im Englischen durch „ed." bzw. bei mehreren HerausgeberInnen durch „eds." ersetzt.

Nachname, Initiale(n) des Vornamens., Erscheinungsjahr. Titel des Aufsatzes. In: Nachname, Initiale(n) des Vornamens., Hrsg. Titel des Sammelwerkes. Publikationsort: Verlag, Seitenzahlen des Aufsatzes.

Beitrag in einem mehrbändigen Sammelwerk:

Körner, S., 1980. Wissenschaft. In: Speck, J., Hrsg. Handbuch wissenschaftstheoretischer Begriffe. Bd. 3. Göttingen: Vandenhoeck & Ruprecht, 726-737.

Beitrag eines zuvor schon mit zwei Arbeiten aus dem gleichen Jahr zitierten Autors in einem mehrfach aufgelegten Sammelwerk:

Rost, F., 2003c. Wissenschaftliche Texte lesen und verstehen. In: Franck, N. und Stary J., Hrsg. Die Technik des wissenschaftlichen Arbeitens. 11. Aufl. Paderborn: Schöningh, 75-96.

Hochschulschriften (Diplomarbeiten, Dissertationen, Habilitationsschriften) werden wie Bücher zitiert, statt der Verlagsangabe werden der Typ der Arbeit und die Universität angeführt.

Nachname, Initiale(n) des Vornamens., Erscheinungsjahr. Titel der Arbeit. Typ der Arbeit. Name der Institution, an der die Arbeit eingereicht wurde.

Habilitationsschrift:

Fröhlich, G., 2003. Der soziale und öffentliche Charakter der wissenschaftlichen Methoden: Schnittstellen zwischen Wissenschaftstheorie und Wissenschaftsforschung. Habilitationsschrift. Sozial- und Wirtschaftswissenschaftliche Fakultät, Johannes Kepler Universität Linz.

Bei **unveröffentlichten Arbeiten** geht man wie bei Büchern vor, nur steht statt der Verlagsangabe der Vermerk „unveröffentl. Skript".

> Unveröffentlichte Arbeit ohne Ortsangabe:
>
> Meier, T., 2001. Wissenschaftliches Arbeiten in Theorie und Praxis. s.l.: unveröffentl. Skript.

Bei **mündlichen Mitteilungen** genügt die Angabe von Familien- und abgekürztem Vornamen des Informanten mit dem Zusatz „Mündliche Mitteilung vom …" samt Datumsangabe.

Für **Monographien** und **Sammelwerke** sind fallweise Ergänzungsangaben notwendig,

- sofern sie mehrbändig sind, ist nach dem Titel der Band kenntlich zu machen (Abkürzung Bd. mit der betreffenden Zahl unter Beifügung eines allfälligen eigenen Bandtitels);
- sofern sie mehrmals aufgelegt wurden, ist die benützte Version anzugeben (Ordnungszahl der Auflage mit Punkt – und Überarbeitungshinweis – sowie die Abkürzung Aufl.).

Elektronische Quellen: Zitate aus dem Internet werden im Text wie jedes andere Zitat mit Autor und Jahr angeführt. Es wirkt nicht nur unprofessionell, sondern stört auch den Lesefluss, wenn man Internetadressen in den Text einbaut! Im Literaturverzeichnis erfolgt die Angabe von Autor, Jahr und Titel wie bei anderen Quellen. Danach wird die Internetadresse nach „Verfügbar in:" (Englisch: „Available from:") angeführt. Sehr wichtig ist es, danach noch das Datum der Abfrage in eckigen Klammern darzustellen (Englisch: „[Accessed Date]"), da ja elektronische Quellen jederzeit verändert werden können, ohne dass dies für Außenstehende erkenntlich wäre. Man sollte sich deshalb auch von aus dem Internet zitierten Quellen einen Ausdruck anfertigen und als Zitatbeleg aufheben.

Nachname, Initiale(n) des Vornamens., Erscheinungsjahr. Titel. (ev. Ausgabe bei elektronischen Büchern). Publikationsort: Herausgeber (falls bestimmbar). Verfügbar in: URL [Abfrage am …].

> Elektronische Publikationen (Internetquellen):
>
> Holland, M., 1996. Harvard System. Poole: Bournemouth University. Verfügbar in: http://www.bournemouth.ac.uk/learning_support/html/unit_8.html#8.2 [Abfrage am 10. April 2002].

Im Falle mangelhafter Angaben im Original ist abermals

- bei fehlendem Autor N.N. für nomen nescio (Englisch: Anon.),
- bei fehlendem Erscheinungsjahr s.a. für sine anno (Englisch: no date),

- bei fehlenden Seitenzahlen s.p. für sine pagina,
- bei fehlendem Erscheinungsort s.l. für sine loco zu schreiben,
- bei fehlendem Verlag wird kein extra Verweis angebracht.

9.4. Verwendung von Literaturverwaltungsprogrammen

Eine reiche Auswahl an Software ermöglicht die elektronische Verwaltung von Literatur (vgl. Übersicht 9). Die bisweilen als „Referenzmanager" bezeichneten Programme bieten meist folgende Funktionen (vgl. ETH 2015):

- Sammeln von Literatur (durch manuelle Eingabe von Einzeleinträgen, durch Übernahme von Einzel- oder Sammeleinträgen von Webseiten oder durch Import von Einträgen bzw. Literaturlisten von anderen, etwa Bibliothekssuchmaschinen),
- Ordnen sowie Bearbeiten von Literaturrechercheergebnissen (etwa durch Verschieben von Einträgen in Untersammlungen oder durch (Nach)bearbeiten bibliographischer Informationen oder durch Beschlagworten und Exzerpieren bzw. Annotieren oder Volltextablage),
- automationsgestütztes Zitieren (durch Extrahieren bibliographischer Daten aus der Literatursammlung und durch Einfügen von Literaturverweisen in die schriftliche wissenschaftliche Arbeit sowie durch automatisches Generieren eines Literaturverzeichnisses auf Basis der im Text eingefügten Zitate),
- flexible Anpassung an unterschiedliche Zitiersysteme,
- Möglichkeit im Team zu arbeiten und Quellen zu teilen.

Im Wesentlichen bestehen Literaturverwaltungsprogramme aus einer Datenbank, in der sämtliche recherchierten Literaturbeiträge abgespeichert werden können. Dies kann entweder manuell per Eingabe erfolgen oder – wie mittlerweile überwiegend möglich – per Download der nötigen bibliographischen Informationen aus dem Internet. Die meisten elektronischen Literaturdatenbanken bieten neben dem Download des Textes selbst auch die entsprechenden Informationen zur Literaturquelle in verschiedenen Formaten (unterschiedliche Softwareprodukte arbeiten mit verschiedenen Formaten, z.B. BibTeX, CSV, RIS) an. Je nach Auswahl werden nur die bibliographischen Informationen oder Abstract und Volltext in der Literaturdatenbank abgespeichert.

Die Nutzung von Literaturverwaltungssoftware erfordert zwar etwas Einarbeitungszeit, reduziert dafür später deutlich den Aufwand und hilft gegenüber rein händischer Arbeit Übertragungsfehler zu minimieren.

Auf welches Literaturverwaltungsprogramm man zurückgreift, hängt u.a. davon ab

- welche Oberfläche man als benutzerfreundlich empfindet,
- unter welchem Betriebssystem der eigene Rechner läuft,
- mit welchen Textverarbeitungs- oder Textsatzprogrammen Kompatibilität gegeben sein soll,
- wieviel Hilfe man braucht und welcher Support geboten wird (Einführungskurse, Selbstlernmaterialien etc.),
- wieweit man Kosten zu tragen bereit ist,
- ob geisteswissenschaftlich (eher Citavi oder Endnote) oder naturwissenschaftlich-technisch gearbeitet wird (eher Zotero oder Endnote) (vgl. TUM 2016).

In der Regel verfügt die Literaturverwaltungssoftware über Plug-Ins für Textverarbeitungsprogramme wie Microsoft Word oder Open Office, d.h. die Anwendung wird direkt in das Textverarbeitungsprogramm integriert und kann dort über die Symbolleiste aufgerufen werden.

Übersicht 9: Auswahl gängiger Literaturverwaltungsprogramme
(vgl. Adam et al. 2016)

Programm	Kosten
Zotero (https://www.zotero.org/)	gratis
Citavi (https://www.citavi.com/)	kostenpflichtig (kostenfreie Testversion, Ermäßigung für Studierende)
Endnote (http://endnote.com/)	kostenpflichtig (kostenfreie Testversion, Ermäßigung für Studierende)
Mendeley (https://www.mendeley.com/)	gratis (verschiedene Versionen)

Einige Universitäten bieten ihren Studierenden einen Gratiszugang für sonst kostenpflichtige Literaturverwaltungssoftware an.

„Geschliffene Worte gleichen Brillanten, man spürt die Funken der Gedanken.“
(anonym)

9.5. Wiederholungsfragen

1. Ein Literaturverzeichnis listet

a) die zusätzlich verwendete, nicht im Text zitierte Literatur
b) die im Text zitierten Quellen
c) nur die sekundär zitierten Quellen
d) nur die primär zitierten Quellen

2. Beim Harvard-Zitiersystem werden

a) die Zitate in Fußnoten dargestellt
b) Zitate im Text durch Angabe von Autor und Publikationsjahr dargestellt
c) die Zitate im Text durchnummeriert
d) Zitate im Text durch Angabe von Autor und Publikationsort dargestellt

3. Bei welchen der folgenden Sätze wurde – gemäß den in diesem Buch empfohlenen formalen Angaben – den wissenschaftlichen Kriterien entsprechend zitiert?

a) Clements (1934, 7) betonte, dass eine Klimaxgesellschaft nicht nur ein Ergebnis des Klimas, sondern auch ein Indikator dafür ist.
b) 2003 lagen die Emissionen von Treibhausgasen in Österreich um 23,2 Millionen Tonnen über dem Kyoto-Ziel (Gugele, B., et al. 2005).
c) Österreich ist dem Treibhausgas-Reduktionsziel des Kyoto-Protokolls von 13 % in den vergangenen Jahren nicht näher gekommen.
d) Die Treibhausgasemissionen des Sektors Verkehr sind in Österreich zwischen 1990 und 2001 von allen Sektoren am stärksten, nämlich um 49 % auf 19,8 Mio. Tonnen angestiegen (Umweltbundesamt, http://www.umweltbundesamt.at/fileadmin/site/publikationen/BE270.pdf).

4. Welches Online-Zitat ist entsprechend den in diesem Buch gegebenen Empfehlungen richtig?

a) Holland, M., 1996. Harvard System. Poole: Bournemouth University. Verfügbar in: http://www.bournemouth.ac.uk/learning_support/html/unit_8;
b) Holland, M., 1996. Harvard System. Poole: Bournemouth University. http://www.bournemouth.ac.uk/learning_support/html/unit_8; [Abfrage am 10. April 2002].
c) Holland, M., 1996. Harvard System. Poole: Bournemouth University. Verfügbar in: http://www.bournemouth.ac.uk/learning_support/html/unit_8; [Abfrage am 10. April 2002].
d) http://www.bournemouth.ac.uk/learning_support/html/unit_8; [Abfrage am 10. April 2002].

5. Welcher Eintrag im Literaturverzeichnis ist entsprechend den in diesem Buch gegebenen Empfehlungen formal richtig?

a) Forest, M., 2005. A History of Urban Forests and Trees in Europe. In: Nilsson, K. and Randrup, T. B., Eds. Urban Forests and Trees. Berlin, Heidelberg: Springer, 23-48.
b) Forest, M., (2005): A History of Urban Forests and Trees in Europe. In: Nilsson, K. and Randrup, T. B., Eds. Urban Forests and Trees. Berlin, Heidelberg, Springer, 23-48.
c) Forest, M., 2005. A History of Urban Forests and Trees in Europe. In: Nilsson, K. and Randrup, T. B., Urban Forests and Trees. Berlin Heidelberg: Springer, S. 23-48
d) Forest, M., 2005. A History of Urban Forests and Trees in Europe. In: Nilsson, K. and Randrup, T. B., Eds. Berlin Heidelberg: Springer, 23-48.

6. Bei welchem Textzitat wurde entsprechend den in diesem Buch gegebenen Empfehlungen richtig zitiert?

a) „Aus einem Buch abschreiben ist ein Plagiat, aus zwei ein Essay und aus drei eine Dissertation" (vgl. Ferk, 2007).

b) „Aus einem Buch abschreiben ist ein Plagiat, aus zwei ein Essay und aus drei eine Dissertation." (Ferk, 2007)

c) „Aus einem Buch abschreiben ist ein Plagiat, aus zwei ein Essay und aus drei eine Dissertation" (Ferk 2007, 27).

d) „Aus einem Buch abschreiben ist ein Plagiat, aus zwei ein Essay und aus drei eine Dissertation" (Ferk Seite 27, 2007).

7. Welche Angaben im Literaturverzeichnis sind entsprechend den in diesem Buch gegebenen Empfehlungen falsch? (Die angeführten Beispiele sind auch in ihrem Zusammenhang von a – d zu betrachten)

a) Nathan, R.; Katul, G. G.; H. S. Horn; S.M. Thomas; R. Oren; R. Avissar; S. W. Pacala and S. A. Levin (2002)a: Mechanisms of long-distance dispersal of seeds by wind. Nature 418, 409-413.

b) Nathan, R.; HORN, H. S; Katul, G. G.; Thomas S.M; Avissar, R.; Oren, R.; Pacala, S.W. and Levin S. A. (2002)b: Methods for estimating long-distance dispersal. Oikos 103: 261-273.

c) Scholl, T. 1997. Historische Landnutzung im Böhmerwald. Diplomarbeit, Universität für Bodenkultur, Wien.

d) Zukrigl, Eckhardt, Nather, 1963. Standortskundliche und waldbauliche Untersuchungen in Urwaldresten der niederösterreichischen Kalkalpen. Mariabrunn.

Lösungen zu den Wiederholungsfragen siehe Seite 159f.

10

10. Grundlagen wissenschaftlichen Schreibens

„Schreiben ist leicht. Man muss nur die falschen Wörter weglassen." Mark Twain (1835-1910)

Das Kapitel *Grundlagen wissenschaftlichen Schreibens* beantwortet folgende Leitfragen:

- ? Wodurch heben sich wissenschaftliche Texte von anderen schriftlichen Ausdrucksformen ab?
- ? Welche Regeln liegen dem Formulieren wissenschaftlicher Arbeiten zugrunde?
- ? Welche Argumentationsweisen können unterschieden werden?
- ? Wodurch können Schwierigkeiten beim Schreiben entstehen und wie sind sie zu überwinden?
- ? Welche Grundtypen schriftlicher Forschungsarbeiten existieren, welche Ziele verfolgen diese und welche Anforderungen werden an sie gestellt?
- ? Welche formalen Kriterien sind bei der Erstellung schriftlicher Arbeiten zu beachten?
- ? Welche Qualitätskriterien gelten für wissenschaftliche Arbeiten?

Die Ausführungen zu den *Grundlagen wissenschaftlichen Schreibens* verfolgen nachstehende Lernziele:

- Wissenschaftliche Texte formulieren können
- Die Besonderheiten des wissenschaftlichen Schreibstils erkennen
- Mögliche Schreibblockaden verstehen und bewältigen können
- Im Stande sein, schriftliche wissenschaftliche Arbeiten zu typisieren
- Formale Gestaltungsgrundsätze für schriftliche Arbeiten kennen und anwenden können
- Verstehen, anhand welcher Kriterien die Qualität wissenschaftlicher Arbeiten gemessen werden kann und diese Anforderungen für die eigene Arbeit umsetzen können

10.1. Wissenschaftlicher Schreibstil

Schreiben stellt eine Ausdrucksform dar, die den Akt und das Ergebnis schöpferischen Denkens dokumentiert. Ziele des Verfassens wissenschaftlicher Texte sind u.a. die Wiedergabe und neue Verknüpfung von Gedanken, die Entdeckung von Widersprüchen und Konsequenzen oder das Zu-Papier-Bringen eigener Ideen zur Erkenntnisgewinnung (Oesterle 2003, 24).

Wissenschaftliche Texte sind Sachtexte, ihr Stil unterscheidet sich von anderen schriftlichen Ausdrucksformen. Viele Wissenschaftsdisziplinen entwickelten zwar einen eigenen Fachjargon (etwa Rechtswissenschaften, Philosophie, Naturwissenschaften), dennoch existieren einige allgemein gültige Grundregeln, die beim Formulieren wissenschaftlicher Arbeiten (Ebster und Stalzer 2008, 82ff) zu beachten sind:

- zielgruppengerechtes Schreiben, d.h. auf das Hintergrundwissen der Leserschaft des Textes eingehen (z.B. FachexpertInnen, BetreuerInnen der Arbeit, Studierende);
- komplexe Zusammenhänge durch prägnante Formulierungen, Beispiele und Darstellungen verständlicher machen;
- Verwendung einer klaren und präzisen Sprache;
- logischer und konsistenter Aufbau einer Arbeit/eines Kapitels/eines Absatzes, die Informationen müssen in klare und nachvollziehbare Beziehung zueinander gesetzt werden;
- sorgfältiger – grundsätzlich möglichst sparsamer – Einsatz von Fremdwörtern (nicht übertreiben, richtig verwenden);
- keine umgangssprachlichen und keine journalistischen Ausdrücke verwenden; Verzicht auf ungerechtfertigte Superlative und leere Phrasen etc.;
- sparsame Verwendung direkter Zitate, sie sind nur dann einzusetzen, wenn man einen Gedanken nicht trefflicher ausdrücken kann oder der Stil der Originalaussage erhalten bleiben soll;
- vollständige Dokumentation der Quellen im Text ebenso wie im Literaturverzeichnis;
- sachliche Argumentation, Feststellungen belegen;
- auf eine einheitliche Terminologie achten, zentrale Begriffe definieren und korrekt verwenden;
- Vermeidung der ersten Person (Ich-/Wir-Form), Ausnahme: im Vorwort, was sich aus dem Anspruch herleitet, dass wissenschaftliche Arbeiten intersubjektiv nachvollziehbar sein sollen; Die zulässige Verwendung der Ich-Form ist von der jeweiligen Sprache der Publikation und dem Publikationsorgan abhängig.

Wissenschaftlich schreiben heißt daher, nicht möglichst kompliziert und verschachtelt zu schreiben, sondern komplexe Sachverhalte klar und gut strukturiert zu erklären. Folgende Tipps mögen zum Gelingen eines ansprechenden wissenschaftlichen Textes beitragen (Theisen 1995, 164; Franck 2004, 214ff; Balzert et al. 2008, 239ff):

- Hauptaussagen gehören in den Hauptsatz, Nebenaussagen in den Nebensatz;
- Zu achten ist auf einen übersichtlichen Satzbau, d.h. kurze Sätze, keine komplexen Schachtelsätze - maximal zwei Nebensätze an den Hauptsatz anhängen, lebendiger Wechsel von Hauptsätzen und einfachen Haupt- und Nebensätzen (kein Telegrammstil), jeder Sinneinheit einen eigenen Satz einräumen, zusammengesetzte Verben nicht trennen;
- Absätze bilden, jedem Argumentationsaufbau einen Absatz widmen: Absätze bestehen jedoch stets aus mehr als einem Satz;

- Überflüssiges streichen, Füllwörter vermeiden, keine leeren Floskeln, keine Wort- und Gedankenwiederholungen, Abkürzungen erklären;
- Passivkonstruktionen vermeiden;
- Vermeidung zu vieler Möglichkeitsformen;
- Fehlerfreie Orthographie (Rechtschreibung), Grammatik und Interpunktion (Zeichensetzung) sollten in wissenschaftlichen Texten selbstverständlich sein (Korrekturlesen [lassen]!);
- Verwendung von verständnisfördernden Elementen wie Praxisbeispielen, Wahrnehmungs- und Verarbeitungshilfen (schematische Darstellungen, Diagramme, Tabellen, ...); Bezüge zu aktuellen, für das Thema relevanten Ereignissen herstellen.

10.2. Grundzüge der Argumentation

Wissenschaftliche Arbeiten sollen Informationen vermitteln und LeserInnen allgemeingültige Erkenntnisse darlegen. Damit Einsicht entstehen kann, ist es notwendig, die aufgestellten Thesen schlüssig zu bestätigen oder zu widerlegen.

Für die Argumentation existieren verschiedene Schemata und Vorgehensweisen, etwa:

- deduktive (vom Allgemeinen auf das Besondere schließend) oder induktive (vom Besonderen auf das Allgemeine schließend) Argumentation,
- klassischer dialektischer Dreischritt (These/Antithese/Synthese),
- Argumentationsmodell von Toulmin (Behauptungen, Beweise, Schlussregeln, Einschränkungen, Schlussfolgerungen; siehe Abbildung 19).

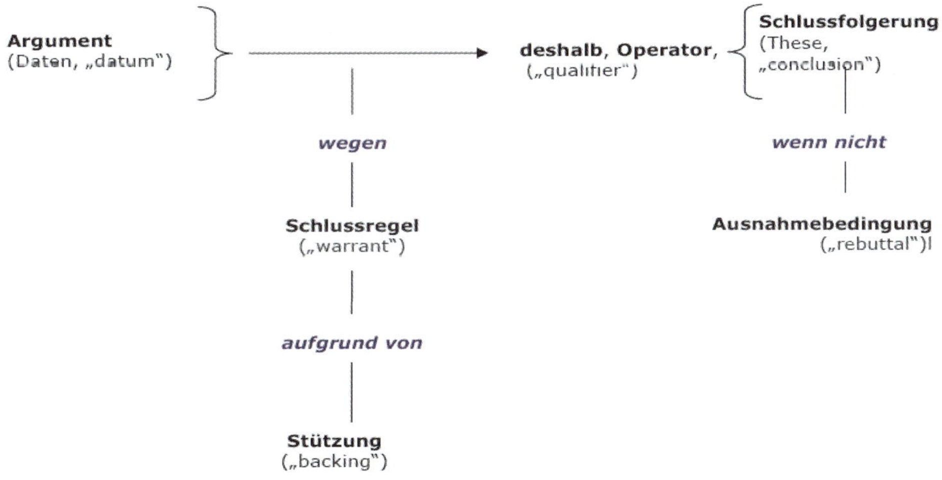

Abbildung 19:* *Argumentationsschema nach Toulmin *(nach Bayer 1996, 144f, zitiert nach Westerhoff 2006, 59)*

10.3. Tipps zum Umgang mit Schreibblockaden

Schwierigkeiten beim Schreiben von wissenschaftlichen Arbeiten können unterschiedliche Ursachen haben: unklare Vorstellungen bezüglich Anforderungen, Unsicherheit hinsichtlich Schreibkompetenz, ein unklares oder fehlendes Konzept, vages Erkenntnisinteresse, fehlende Motivation, übertriebene Erwartungen an den eigenen Text oder eine schlechte Betreuungssituation hemmen die Textabfassung ebenso wie eine fehlende oder unrealistische Zeitplanung, die Angst vor der Bewertung etc. Schreibblockaden lassen sich am ehesten durch eine aktive Auseinandersetzung mit dem Schreibprozess vermeiden: Schreiben lernt man schreibend. Um der Angst vor dem leeren Blatt vorzubeugen, sollten bereits vor dem Abfassen des endgültigen Textes geeignete Rahmenbedingungen geschaffen werden (Ebster und Stalzer 2002, 105ff); zielführende Ansätze sind etwa:

- systematisches Herangehen: Konzept, Gliederung usw.;
- auf Exzerpte zurückgreifen;
- Rohfassung eines Textes schreiben, in einem zweiten Schritt überarbeiten;
- Einfälle notieren (Notizbuch);
- zu großen Zeitdruck vermeiden;
- keine zu hohen Erwartungen setzen;
- beste Tageszeit zum Schreiben finden;
- Schreibumgebung abstimmen (Licht, Bildschirm, Frischluft etc.).

Zur Überwindung von Barrieren beim Schreiben muss jeder seine eigenen persönlichen Strategien entwickeln. Die nachfolgenden Anregungen können hilfreich sein (Ebster und Stalzer 2008, 95f):

- Rahmenbedingungen überprüfen (Arbeitsplatz, Uhrzeit, körperlich/geistige Verfassung, …);
- kreative Hilfsmittel nutzen (Clustering, Brainstorming, ...);
- an verschiedenen Orten zu schreiben versuchen;
- Belohnungen und Pausen vorsehen;
- Feedback und Beratung einholen.

Bei allen guten Tipps darf man nicht außer Acht lassen, dass das Abfassen von Texten auch für viele Profis eine mühevolle Prozedur darstellt. Schreiben verlangt ein Präzisieren und Ver“dichten“ von Gedanken und ist daher geistige Schwerstarbeit. Wer unerschrocken und unbefangen, frisch und froh ans Werk geht, sich vor Anstrengung nicht scheut, kann speziell aus dem Schreiben und generell aus wissenschaftlichem Arbeiten viel Freude, Motivation sowie Anerkennung schöpfen und mit etwas Glück sogar berühmt werden.

10.4. Typen wissenschaftlicher Arbeiten

Ergebnis des wissenschaftlichen Arbeitsprozesses ist in der Regel wissenschaftliche Literatur (Universitätsarbeiten, Bücher, Artikel in Zeitschriften). Wie in Abbildung 20 dargestellt, können jedoch auch nichtschriftliche Dokumente (etwa wissenschaftliche Zeichnungen oder Filme) als wissenschaftliche Produkte entstehen.

Abbildung 20: Typen wissenschaftlicher Arbeiten

Erste wissenschaftliche Arbeiten im Rahmen eines Studiums sind (Fragnière 1990, 96ff):

- **Proseminar- und Seminararbeiten**: Diese stellen einen wesentlichen Bestandteil des wissenschaftlichen Lehr- und Lernprozesses dar. Sie haben den Anspruch, den methodischen Ansatz, Denkschritte und Arbeitsergebnisse in einer gedanklich ausgewogenen und sprachlich ausgefeilten Form schriftlich darzulegen.
- **Klausuren**: Sie haben das Ziel, einen bestimmten Stand von Problemverständnis und Sachinformation im gewählten Arbeitsgebiet nachzuweisen (z.B. eine zusammenhängende Darstellung zu einem Spezialgebiet).

Das heimische Universitätsgesetz § 51 Abs.2 (UG) definiert universitäre Qualifikationsarbeiten (BMBWK 2006):

- **Bakkalaureatsarbeiten**: Diese sind im Rahmen des Bakkalaureatsstudiums anzufertigende eigenständige schriftliche Arbeiten, die im Rahmen von Lehrveranstaltungen abgefasst werden.

- **Diplom- und Magister-/Masterarbeiten**: Sie sind wissenschaftliche Arbeiten im Rahmen von Diplom- und Magister-/Masterstudien, die dem Nachweis der Befähigung dienen, wissenschaftliche Themen selbstständig sowie inhaltlich und methodisch vertretbar zu bearbeiten.
- **Dissertationen**: Diese sind wissenschaftliche Arbeiten, die anders als die Diplom- und Magister-/Masterarbeiten dem Nachweis der Befähigung zur selbstständigen Bewältigung wissenschaftlicher Fragestellungen dienen.

Neben Universitätsarbeiten gibt es allgemeine wissenschaftliche Arbeiten, welche entweder veröffentlicht oder nicht (bzw. nur eingeschränkt) publiziert werden. Wissenschaftliche Arbeiten haben unterschiedliche Ziele und Ansprüche (Fragnière 1990, 101ff):

- **Zeitschriftenartikel** oder Beiträge zu einem Sammelwerk sollten einen Sachverhalt einprägsam formulieren und einen Anstoß zur Fortführung des wissenschaftlichen Dialoges geben. Artikel in reviewten Zeitschriften werden von mindestens zwei Experten begutachtet, um das geforderte Qualitätsniveau einer bestimmten Fachzeitschrift zu garantieren. Der Scientific Citation Index (SCI) ist ein international gebräuchliches Instrument, um die Qualität einer Zeitschrift zu bewerten.
- Als **Monographie** (altgr. für "Einzelschrift") bezeichnet man „Fachbücher, die sich einem begrenzten Thema sehr intensiv widmen und versuchen, den Stand der Erkenntnisse bis kurz vor dem Veröffentlichungsjahr möglichst vollständig und ausgewogen darzustellen. Monographien enthalten fast immer auch ausführliche weiterführende Literatur- und Quellenhinweise, die für die eigene Arbeit genutzt werden können" (Theisen 1995, 174).
- Ein **Sammelwerk** ist ein von einem Verlag editiertes Fachbuch mit mehreren AutorInnen, die Beiträge zu einem speziellen Fachgebiet liefern. Bei umfangreichen Themen kann das Werk auch aus mehreren Bänden bestehen.
- **Bibliographien** (griech. für „Bücherbeschreibung") sind Verzeichnisse von Literaturnachweisen. Sie enthalten – „nach unterschiedlichen Kriterien geordnet – den Bestand an Literatur eines Landes oder Sprachraums, eines Zeitabschnittes oder eines Sachgebietes (bzw. einer Kombination von allem). Sie dienen dem Nachweis einzelner Titel unter einem oder mehreren Ordnungskriterien. Innerhalb der Bibliographien unterscheidet man zwischen Fach- und Allgemeinbibliographien, letztere können in Spezial- und Buchhandelsbibliographien unterteilt werden" (Theisen 1995, 67).
- **Rezensionen** (wissenschaftliche Buchbesprechungen) stellen eine wertende Stellungnahme zu einem bestimmten wissenschaftlichen Werk dar. Dabei werden Ansätze, Inhalte und Resultate einer Untersuchung anschaulich gemacht sowie die Schlüssigkeit des Verfahrens und die Bedeutung der erlangten Erkenntnisse kritisch überprüft.

- **Wissenschaftliche Poster** sind Plakate (zumeist im Format A0). Poster sollen etwa die geplante Vorgehensweise oder die Ergebnisse einer wissenschaftlichen Untersuchung anschaulich darstellen. In der Regel werden sie auf wissenschaftlichen Konferenzen und Tagungen in eigenen Poster-Sessions der Fachwelt präsentiert (siehe Kapitel 12.2.).
- Projektentwürfe und -anträge, Forschungsberichte oder Gutachten bilden die so genannte **„graue Literatur"**, d.h. die Werke liegen in schriftlicher Form vor, sind jedoch nicht oder nur eingeschränkt öffentlich zugänglich.

10.5. Formale und inhaltliche Gestaltung einer wissenschaftlichen Arbeit

Ziel einer wissenschaftlichen Universitätsarbeit ist der Nachweis der eigenständigen, inhaltlich und methodisch dem aktuellen Stand entsprechenden wissenschaftlichen Auseinandersetzung mit einem Teilbereich einer Wissenschaftsdisziplin. Sie dient auch als Training, eigene sachliche Ausführungen auf ein gestelltes Thema zu beschränken und Informationen möglichst kompakt aufzubereiten.

Eine wissenschaftliche Arbeit soll demnach folgende Gliederungsteile umfassen:

- **Titelei**

  Als Titelei bezeichnet man sämtliche Teile der Arbeit, die vor dem Textteil stehen. Dazu zählen in der Regel das Titelblatt, eventuell eine eidesstattliche Erklärung, eine allfällige Kurzfassung und unter Umständen Schlagworte, das Vorwort und das Inhaltsverzeichnis (Ebster und Stalzer 2008, 71). Auch Abbildungs-, Tabellen- oder Abkürzungsverzeichnis können Bestandteil der Titelei sein (siehe Abschnitt „Verzeichnisse"). Titelblatt, eidesstattliche Erklärung, eventuelle Vorbemerkungen und die Kurzfassung sowie das Vorwort sind nicht im Inhaltsverzeichnis anzuführen und werden üblicherweise nicht in die Seitennummerierung einbezogen.

  Titelblatt (Deckblatt): Darauf stehen üblicherweise Thema, Rang der Arbeit, Name des Verfassers/der Verfasserin, Institution (bei Universitätsarbeiten Kennzahl und Matrikelnummer des/der Studierenden), Bezeichnung des Studiengangs, Name der Betreuungsperson, Ort, Monat und Jahr der Abfassung der Arbeit.

  Eidesstattliche Erklärung: Viele Universitäten und Hochschulen schreiben eine so genannte „Erklärung an Eides Statt" vor, worin der/die AutorIn per eigenhändiger Unterschrift versichert, die Arbeit selbstständig angefertigt und keine weiteren Hilfsmittel als die genannten benutzt zu haben. In Österreich ist die eidesstattliche Erklärung nicht Vorschrift!

Kurzfassung (Abstract): Sie stellt einen äußerst knappen, ca. 100 bis maximal 250 Worte umfassenden, Abriss der gesamten Arbeit dar und dient der kompakten Information über die wesentlichen Inhalte. In höchst komprimierter Form – aber dennoch in ausformulierten ganzen Sätzen – werden Ausgangsproblem, Ziel(e) und Forschungsfrage(n) umrissen, Kernthese(n) und Methode(n) der Erkenntnisgewinnung benannt, sowie Highlights der Resultate und Schlussfolgerung(en) präsentiert.

Schlagworte (Keywords): Fakultativ können zur Orientierung für den/die LeserIn ca. 3 bis 5 möglichst aussagekräftige Fachbegriffe (Stichworte oder Wortgruppen) angeführt werden, welche die Arbeit treffend charakterisieren sollen.

Vorwort und **eventuell Vorbemerkungen:** Hierzu zählen Widmungen, Danksagungen, Motivationsbericht etc.

Inhaltsverzeichnis: Es verdeutlicht die Gliederung der Arbeit und gibt an, auf welchen Seiten die einzelnen Teile zu finden sind; die Arbeit muss von der Sache her logisch aufgebaut und von der formalen Gestaltung her übersichtlich sein. Die Einträge im Inhaltsverzeichnis müssen ident mit den Überschriften im Textteil der Arbeit sein. Auch nicht nummerierte Elemente der Arbeit (z.B. Literatur, Abbildungs- oder Tabellenverzeichnisse) müssen im Inhaltsverzeichnis angeführt werden (Ebster und Stalzer 2008, 72).

- **Textteil**

  Er umfasst die eigentlichen Ausführungen zum Thema, wobei eine Gliederung in Kapitel bzw. in Unterkapitel oder Abschnitte vorzunehmen ist (siehe Kapitel 7). Dabei ist folgende Terminologie gebräuchlich (Balzert et al. 2008, 196):

  1. Hierarchieebene: Hauptkapitel
  2. Hierarchieebene: Kapitel
  3. Hierarchieebene: Unterkapitel
  4. Hierarchieebene: Abschnitt

  Unterteilungen innerhalb des Textflusses bezeichnet man als Absätze, diese sind durch größere Zeilenabstände voneinander getrennt.

  Die Überschriften der Strukturebenen müssen vom Wortlaut her den Gliederungspunkten im Inhaltsverzeichnis entsprechen. Je nach Zielsetzung und disziplinärer Ausrichtung gibt es verschiedene Ansätze, eine wissenschaftliche Arbeit zu gliedern. Jedenfalls sollten aber Einleitung und Zusammenfassung den Rahmen der wissenschaftlichen Arbeit bilden.

  Die **Einleitung** selbst erfüllt mehrere Aufgaben: Sie ist ein integraler Bestandteil des Textes. In der Einleitung wird in den Themenbereich eingeführt, es werden Fragen und Ziele der Arbeit erörtert, der Themenzugang beschrieben und oft auch problematisiert, sowie das Thema gegenüber verwandten Fragestellungen abgegrenzt. Hier ist der Platz, um den Aufbau der Arbeit zu skizzieren. In der Einleitung wird der methodische Zugang im Vergleich zu anderen Arbeiten evaluiert und der Wissenstand sowie Wissenslücken anhand der recherchierten und evaluierten wissenschaftlichen Literatur kommentiert. Zudem hat die Einleitung das Interesse der Leserschaft zu wecken.

Material und Methoden: Ziel dieses Teils ist es, klar darzulegen, was, wann, wo, womit und wie gemacht wurde. Er beinhaltet daher eine Aufzählung und Beschreibung aller experimentellen Materialien (Pflanzen, Tiere, ...), Erhebungsinstrumente (Fragebögen, ...), Objekte, Behandlungen, experimentellen Rahmenbedingungen, Standorte, Altersklassen etc., alle experimentellen, analytischen, statistischen Vorgangsweisen, mathematische Modelle, Interviewverfahren etc. Dabei ist es häufig nicht notwendig, Vorgehensweisen im Detail zu beschreiben, wenn diese bereits ausführlich publiziert wurden. In diesem Fall kann man auf Literaturzitate zurückgreifen und eventuell lediglich die Modifikationen erklären. Sollte eine Methode völlig neu (noch nicht publiziert) sein, es sich also um eine methodische Arbeit handeln, so sind alle Details zu beschreiben. Flow Charts oder Tabellen können helfen, Platz zu sparen. Aufgrund der methodischen Erläuterungen muss es für kompetente KollegInnen möglich sein, die Arbeit zu wiederholen.

Ergebnisse: Dieser Teil enthält im Falle empirischer Arbeiten nur die eigenen Ergebnisse, nicht aber den Vergleich mit der wissenschaftlichen Literatur. Hier kommen also in der Regel keine Zitate vor. Visuelles Anschauungsmaterial, wie Abbildungen, Tabellen, Graphiken etc., kann als Unterstützung für die Darstellung von Ergebnissen dienen. Als Grundsatz gilt, dass die wichtigsten, repräsentativsten Ergebnisse aufgenommen werden sollen, die zur Behandlung der Arbeitshypothese dienen. Redundanzen sind zu vermeiden und Ergebnisse, die nicht durch Daten untermauert sind, nicht aufzunehmen. Ergebnisse, die der Arbeitshypothese widersprechen, müssen ebenso sorgfältig behandelt werden wie solche, die sie bestätigen.

Im **Diskussionsteil** werden die Ergebnisse interpretiert, mögliche Zusammenhänge dargestellt und Prinzipien definiert. Der Diskussionsteil dient also der kritischen Beurteilung und der Objektivierung der Ergebnisse und kann „neues" Anschauungsmaterial enthalten. Für jede in der Einleitung dargestellte Hypothese (Frage) wird aufgrund der Ergebnisse eine Bestätigung respektive Widerlegung konstatiert, eine Schlussfolgerung gezogen. Eine kritische Würdigung eigener Befunde erfolgt durch Vergleich mit der einschlägigen wissenschaftlichen Literatur. Untermauerungen wie Widersprüche und „negative" Ergebnisse sind sorgfältig zu diskutieren.

Im Abschnitt **Schlussfolgerungen, Empfehlungen, Zusammenfassung** werden mögliche praktische Auswirkungen und Anwendungen der Untersuchung beschrieben und eventuell weiterführende Forschungen vorgeschlagen, sowie die wesentlichen Ergebnisse nochmals kompakt zusammengefasst. Eine Zusammenfassung fällt in der Regel ausführlicher aus, als eine der Arbeit vorangestellte Kurzfassung.

- **Verzeichnisse**

  Das **Literaturverzeichnis** listet ausschließlich jene Beiträge auf, die wörtlich oder sinngemäß im Text der Arbeit zitiert werden. Es ist ein unabdingbarer Bestandteil jeder wissenschaftlichen Arbeit.

  Das **Quellenverzeichnis** fasst Fundstellen der in der Arbeit verwendeten Statistiken, Gesetze, Archivmaterialien und sonstiger Materialien zusammen; es kann auch mit dem Literaturverzeichnis zu einem Literatur- und Quellenverzeichnis zusammengefasst werden.

  Das **Abbildungsverzeichnis** listet die nach Nummern geordneten Titel aller in die Arbeit integrierten Abbildungen samt Seitenzahl auf.

  Das **Tabellenverzeichnis** führt sämtliche in die Arbeit eingebauten Tabellen nach Nummern geordnet an; es kann mit dem Abbildungsverzeichnis zu einem Verzeichnis zusammengefasst werden.

  Das **Kartenverzeichnis** führt, nach Nummern geordnet, die Titel der in der Arbeit verwendeten Karten, in der Regel samt Seite, auf und kann ebenfalls mit dem Abbildungs- oder/und Tabellenverzeichnis zusammengefasst werden.

  Das **Abkürzungsverzeichnis** listet sämtliche im Text und in den Verzeichnissen der Arbeit benutzten Abkürzungen in alphabetischer Reihenfolge samt zugehörigen Erklärungen auf. Nicht enthalten sind allerdings die in Darstellungen oder Tabellen verwendeten Abkürzungen. Sie sind unmittelbar bei der jeweiligen Tabelle oder Darstellung in einer eigenen Legende zu erklären.

  Zuletzt verweist das **Verzeichnis der Anlagen** auf mögliche Anhänge, die der Arbeit beigefügt werden. Oftmals wird dieses auch als „Einstiegsseite“ vor den Anlagen platziert (Burchert und Sohr 2005, 76).

- **Anhang**

  Es können z.B. Aufnahmeblätter, Fragebögen, Statistiken, Gesetzestexte, Karten, detaillierte Einzel-Messergebnisse, Datenmatrices etc. in diesem Abschnitt zusammengefasst werden.

10.6. Beurteilungskriterien für schriftliche Universitätsarbeiten

Aus den Hinweisen, worauf beim Abfassen schriftlicher wissenschaftlicher Arbeiten zu achten ist, resultiert letztlich auch eine Liste von Kriterien, welche üblicherweise bei der Beurteilung und Benotung von Qualifikationsarbeiten, aber auch bei der Einschätzung von regulären Veröffentlichungen herangezogen werden können (Übersicht 9). Die in der Übersicht aufgelisteten Punkte mögen als Orientierungshilfe für eine Selbstkontrolle dienen, worauf beim Abfassen einer Seminar-, Bakkalaureats-, Magister-/Master- oder Diplomarbeit besonderes Augenmerk zu legen ist.

***Übersicht 10:** **Kriterien zur Qualitätsbeurteilung schriftlicher wissenschaftlicher Arbeiten** (nach Kornmeier 2008, 28, modifiziert)*

Inhalt

- Originalität, Innovativität und Relevanz des Themas (z.B. Neuheit des Beitrages für die Wissenschaft; unorthodoxer methodischer Ansatz, theoretisches Fundament)
- Präzision, Ziel der wissenschaftlichen Arbeit (= zentrale Forschungsfrage)
- Qualität/Quantität der recherchierten Literatur
- Nutzung sonstiger Erkenntnisquellen, z.B. Sekundärdaten, Primärstudie (Experiment, ...)
- Stringent-logischer Aufbau der Arbeit
  - Einleitung, z.B. Analyse der Themenrelevanz; Abgrenzung/Ziel der Arbeit
  - Grundlagenteil, z.B. Umgang mit Definitionen; Diskussion des „State of the Art“ (= Stand des verfügbaren Wissens); kritische Würdigung der theoretischen und empirischen Befunde
  - Hauptteil, z.B. Bildung von Hypothesen, Umgang mit Aussagen (Themenbezug, Quellenbeleg von Aussagen, Schlüssigkeit der Argumentation, Qualität der Beispiele zur Konkretisierung von Aussagen, Vermeidung von Tautologien, ...); Objektivität (z.B. im Umgang mit Zitaten); Ableitung von Konsequenzen für Wissenschaft und Praxis; Analyse empirischer Daten
  - Schluss (z.B. kritische Würdigung des eigenen Forschungsansatzes)

Stil

- Korrekter Wortgebrauch
  - Verben, z.B. Ausdruck, Tempus, Modus, Aktiv- statt Passivformulierungen
  - Substantive, z.B. Vermeiden von Nominalkonstruktionen und Pleonasmen (alter Greis, tote Leiche usw.)
  - Adjektive, z.B. Anzahl/Auswahl der Adjektive vs. Adverb
  - Präpositionen
- Wissenschaftliche Diktion, z.B. exakter Gebrauch der einschlägigen Fachterminologie, gekonnter Einsatz von Fremdwörtern, Verzicht auf unnötige Amerikanismen
- Sprachlogik
- Ästhetik der verwendeten Sprache
- Prägnanz, Anschaulichkeit, Verständlichkeit
- „Lebendigkeit“ der Präsentation, z.B. durch
  - Wortwahl, Variabilität der Sprache
  - Sprachbilder, Redewendungen
  - Gestaltung der Sätze, Satzbau

Übersicht 10 (Fortsetzung): Kriterien zur Qualitätsbeurteilung schriftlicher wissenschaftlicher Arbeiten *(nach Kornmeier 2008, 28, modifiziert)*

Form
▪ Konsistenz der Gliederung (Struktur der Kapitel/Unterkapitel) ▪ Zitierweise (Prüfbarkeit der Aussagen) ▪ Rechtschreibung, Grammatik, Zeichensetzung ▪ Angabe der Quellen im Literaturverzeichnis (v.a. fehlerfreie Angabe der Quellen, Vollständigkeit, Einheitlichkeit/Konsistenz, übersichtliche Darstellung) ▪ Qualität der Präsentation (z.B. Abbildungen, Tabellen, mathematische Formeln, Symbole) ▪ Schriftsatz (z.B. Typographie, Zeilenabstand), Layout ▪ Transparenz/Übersichtlichkeit (z.B. Absätze, Hervorhebungen durch Fettdruck, Kursivschrift, Aufzählungen) ▪ Gesamteindruck („schlampig“ vs. ordentlich)

10.6.1. Handwerklich-formale Gesichtspunkte

Um die eigenen Gedanken und Überlegungen den LeserInnen so vermitteln zu können, dass sie aufgenommen werden, sind elementare handwerkliche Voraussetzungen zu erfüllen; dazu gehören zu allererst:

- Sprachliche Richtigkeit (drückt sich aus im Freisein von Grammatik-, Rechtschreib- oder Tippfehlern; vor der Abgabe von Texten empfiehlt es sich, jemanden, der mit der Arbeit noch nichts zu tun hatte, darum zu ersuchen, den Text auf Fehler und Verständnisschwierigkeiten durchzusehen.)
- Einheitlichkeit und Exaktheit des Zitierens (Arbeiten, die gar nicht oder völlig unzureichend zitieren, laufen Gefahr, als unwissenschaftlich und negativ beurteilt zu werden.)
- Einhaltung des Richtumfanges (Arbeiten, welche die vorgegebene Richtzahl an Seiten deutlich überschreiten, zeugen von unzureichender Verdichtungs- bzw. Komplexitätsreduktionsleistung, was u.U. sogar dazu führen kann, dass sie a priori nicht angenommen werden, dagegen werden kürzer geratene Papiere in aller Regel goutiert, vor allem, wenn es ihnen gelingt, die gesteckten inhaltlichen Erwartungen zu erfüllen.)
- Graphische Aufbereitung und formale Gestaltung (ein klares Layout und ein sauberer typographischer Gesamteindruck, gelungene, eigenständige Entwürfe von Abbildungen und Übersichten schlagen in aller Regel positiv zu Buche.)

10.6.2. Inhaltliche Gesichtspunkte

Mit den eigenen Erkenntnissen wird man zu den LeserInnen nur dann durchdringen, wenn neben der Form auch der Inhalt Professionalität zu vermitteln im Stande ist. Garanten dafür sind:

- Erfassung des Themas und Konzentration auf dieses;
- Zweckmäßigkeit und Logik der gewählten Strukturierung des Stoffes;
- Inhaltliche Bewältigung der gestellten Aufgabe bzw. Eigenständigkeit und Kreativität bei der Lösung des gestellten Forschungsproblems;
- Art und Umfang der verarbeiteten Literatur (Berücksichtigung aktueller Aufsätze aus Zeitschriften, Einbeziehung „grauer“ Literatur) und der verarbeiteten Materialien;
- Originalität der Herangehensweise und der Darstellung.

10.7. Wiederholungsfragen

1. ***Finden Sie die formalen Fehler in folgendem Satz: Der berühmte Intellektuelle Hofrat Prof. Dr. Amadeus Vifzack spricht in seinem epochalen Werk vom „schöpferischen Chaos der Kreativität".***

2. ***Was muss im Kapitel „Material und Methoden" unbedingt enthalten sein?***

a) alle experimentellen Materialien
b) alle verwendeten Methoden
c) allgemeine Einführungen zum Thema
d) Ergebnisse
e) Arbeitshypothesen
f) Schlussfolgerungen

3. ***Was darf im Kapitel „Ergebnisse" nicht enthalten sein?***

a) Graphiken und Tabellen
b) Beschreibung der Materialien
c) Fragestellung
d) Interpretation der Ergebnisse
e) Eigene erhobene Daten
f) Statistische Analysen

4. ***Welche der nachfolgenden Aussagen treffen für die Abfassung einer wissenschaftlichen Arbeit zu?***

a) Jedes Kapitel muss in Unterkapitel gegliedert sein.
b) Im Inhaltsverzeichnis dürfen nur nummerierte Überschriften vorkommen.
c) Je umfangreicher das Inhaltsverzeichnis, desto anspruchsvoller ist die wissenschaftliche Arbeit.
d) Pro Überschrift müssen mindestens drei Textsätze vorhanden sein.
e) Das Literaturverzeichnis listet alle zum Thema passenden Beiträge auf.
f) Jedes Textzitat muss im Literaturverzeichnis vorkommen.

5. ***Welche Aspekte sollten in der Einleitung einer wissenschaftlichen Arbeit erläutert werden?***

a) Auswahl der Teilnehmer für die standardisierte Befragung
b) Ziele der Arbeit
c) Bezug zum Stand der Forschung
d) Fazit der eigenen Erhebungen
e) die wichtigsten Ergebnisse der Arbeit in Kürze
f) knappe Erläuterung zur Struktur der Arbeit

6. ***Welche der folgenden Formulierungen sind für eine wissenschaftliche Arbeit geeignet?***

a) Es muss in Zukunft diese schreckliche Entwicklung verhindert werden.
b) Ich stelle fest, dass ...
c) Eine umfassende Analyse zeigte, dass ...
d) Abbildung 1 zeigt einen zu extremen Anstieg weil ...
e) Diese Darstellung ist ein Indiz dafür, dass ...
f) Die Ergebnisse lassen darauf schließen, dass ...

Lösungen zu den Wiederholungsfragen siehe Seite 159f.

11. Einsatz und Gestaltung von Visualisierungselementen

„Das Bild ist die Mutter des Wortes."
Hugo Ball (1886-1927)

Das Kapitel *Einsatz und Gestaltung von Visualisierungselementen* beantwortet folgende Leitfragen:

- ? Warum entscheiden sich WissenschafterInnen dazu, ihre schriftlichen Ausführungen mit visuellen Darstellungen zu ergänzen?
- ? An welche formalen Kriterien ist der Einsatz von Visualisierungselementen gebunden?
- ? Wie können quantitative und qualitative Daten dargestellt werden?
- ? Wozu sind die unterschiedlichen Darstellungsformen geeignet?
- ? Worauf ist bei der formal richtigen Gestaltung von Tabellen und Diagrammen zu achten?
- ? Worauf ist beim Einsatz von Kartenmaterial zur Visualisierung räumlicher Informationen Bedacht zu nehmen?

Die Ausführungen zu *Einsatz und Gestaltung von Visualisierungselementen* verfolgen nachstehende Lernziele:

- Bewusstsein über Bedeutung und Möglichkeiten graphischer Darstellungsformen erlangen
- Visuelle Hilfsmittel formal korrekt in einen wissenschaftlichen Text einbinden können
- Die wesentlichsten Darstellungsformen kennen lernen und einsetzen können
- Tabellen, Diagramme und Karten in Hinblick auf formale Vorschriften beurteilen und gestalten können

Der Mensch ist in der Lage, etwa 10 % von dem, was er liest, zu behalten (Bröckling et al. 2007, 58). Von dem, was er sieht, speichert er im Vergleich dazu rund 30 %. Durch den Einsatz bildlicher Darstellungen als Ergänzung zu sprachlich-abstrakten Informationen fällt es LeserInnen leichter, komplexe wissenschaftliche Texte zu verstehen, da sie wesentliche Aussagen hervorheben, Zusammenhänge verdeutlichen und leichter erfassbar machen. Die wichtigste Funktion von Visualisierungselementen ist die rasche, einfache und eindeutige Vermittlung von Informationen; sie ergänzen und illustrieren die Texte, zeigen Zusammenhänge und Abhängigkeiten auf, dienen als Belege und steigern die Verständlichkeit von schriftlichen Inhalten (Ebster und Stalzer 2008, 98). Ihre Funktion können graphische Darstellungen jedoch nur bei adäquater Qualität erfüllen. Für ihren Einsatz gilt daher: „Besser keine, als eine nicht lesbare Graphik!" (Bröckling et al. 2007, 58). Der Nutzen von Visualisierungselementen ist darüber hinaus von der geeigneten Darstellungsform abhängig. Zu den gebräuchlichsten Darstellungsformen zählen Bilder und Fotos, Diagramme, Tabellen, Karten oder schematische Darstellungen.

11.1. Motive für den Einsatz von Visualisierungselementen

Die Motivation, Texte durch graphische Elemente zu ergänzen, beruht auf drei Argumenten (Stary 2003, 255ff):

- **Attraktion**: Bilder ziehen Aufmerksamkeit an. Sie sollten jedoch den wissenschaftlichen Text nicht ersetzen, sondern ergänzen.
- **Merkfähigkeit**: graphische Darstellungen unterstützen das Behalten von Inhalten.
- **Verständnis**: durch den Einsatz von Visualisierungselementen wird das Verstehen erleichtert. Besonders vereinfachte Darstellungen komplexer Abläufe (schematische Darstellungen) oder die graphische Aufbereitung von Zahlenmaterial (Tabellen, Diagramme) verstärken die Nachvollziehbarkeit für LeserInnen.

11.2. Formale Grundsätze für den Umgang mit Visualisierungselementen

Für den Einsatz von Graphikelementen bestehen drei Möglichkeiten (Ebster und Stalzer 2008, 99):

- eigene Darstellung,
- modifizierte Übernahme (eigene Veränderungen, Ergänzungen),
- originalgetreue Übernahme aus einer anderen Quelle.

Bei der Verwendung von Tabellen, Abbildungen, Karten, Graphiken, Übersichten etc. in wissenschaftlichen Arbeiten sind einige grundlegende Regeln zu beachten:

- einheitliche fortlaufende Nummerierung (z.B. Tab.1; Tab. 2, …; Abb. 1, Abb. 2, …);
- aussagekräftiger, prägnanter Titel (bei Tabellen und Übersichten als Überschrift, bei Abbildungen, Graphiken als Unterschriften);
- Quellenangabe, evtl. Hinweis auf vorgenommene Veränderungen (z.B. „verändert nach“, „in Anlehnung an“), bei eigener Darstellung ist keine Quellenangabe nötig;
- Integration im Text und Verweis auf die Abbildung, Übersicht etc. (z.B. „Wie aus Tab. 10 ersichtlich …“, „Abbildung 3 zeigt …“);
- Abbildungen, Tabellen etc. müssen auch ohne erklärenden Text verständlich sein („stand alone“);
- Je nach Umfang der Arbeit sind eigene Verzeichnisse (Tabellenverzeichnis, Verzeichnis der Abbildungen) am Beginn oder Ende der Arbeit erforderlich.

11.3. Visualisierung quantitativer Daten

Unter quantitativen Daten versteht man numerische Informationen, also Messergebnisse oder sonstiges mit Zahlen fassbares Material.

11.3.1. Tabellen

Eine Tabelle stellt Zahlen in übersichtlicher Form zusammen (vgl. Abbildung 21). Sie eignet sich dazu, diese in einer hohen Genauigkeit wiederzugeben. Bei der Erstellung von Tabellen sollten grundlegende Gestaltungsregeln (ÖNORM A 6195) berücksichtigt werden, um mit LeserInnen effektiv zu kommunizieren.

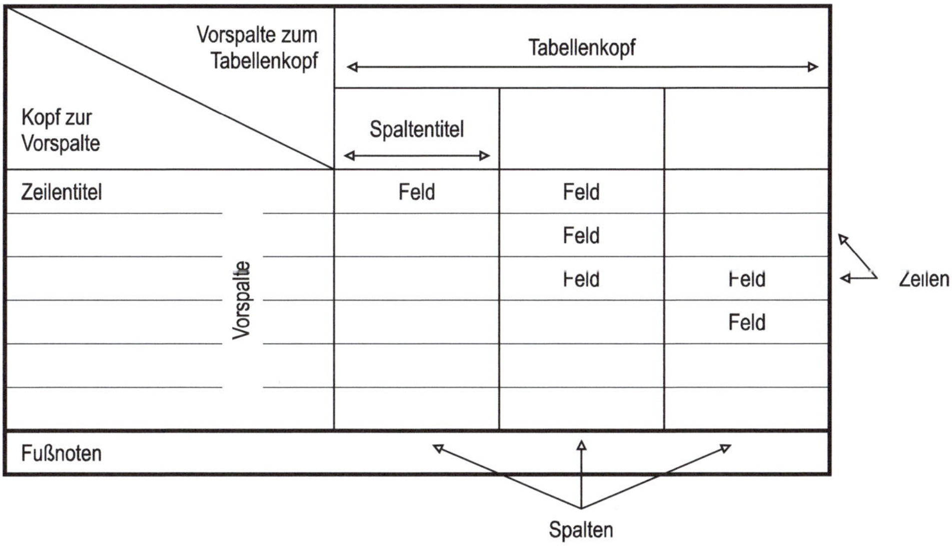

Abbildung 21: Schematische Darstellung des Aufbaus einer Tabelle

Für die Gestaltung von Tabellen gelten folgende Grundsätze und Tipps:

- Der Tabellentitel soll die sachliche, räumliche und zeitliche Abgrenzung des Tabellengegenstandes enthalten.
- Der Aufbau einer Tabelle ist so einfach wie möglich zu gestalten, d.h. unnötige Komplexität vermeiden und keine übertriebenen Unterteilungen vornehmen.
- Die unabhängige Variable (jene Variable, welche die Ausprägung der anderen beeinflusst) steht für gewöhnlich in der Zeile, die abhängige in der Spalte.
- Ansprechendes Layout (Gliederungslinien, Schraffuren, Schrift gezielt einsetzen).
- Bei Tabellen im Querformat liegt der Tabellenkopf auf der linken Seite des Blattes.
- Eindeutig hervorgehobene Zeilen- und Spaltenbeschriftungen.
- Textangaben sollen möglichst kurz, aber eindeutig und vollständig sein.

- Wegen der schlechten Lesbarkeit sollte man vertikale Beschriftungen vermeiden.
- Einheiten (Euro, Kilogramm etc.) und Größen (Mio.) kommen, je nachdem, worauf sie sich beziehen, in den Zeilen- bzw. Spalten- oder Tabellentitel, keinesfalls aber in jedes Einzelfeld.
- Eindeutige Maßeinheiten verwenden (SI-Einheiten bzw. genormte Kurzzeichen: ha, km^2, kWh, BIP/Einwohner [in €]).
- Bei relativen Zahlen (%-Angaben) ist stets die Bezugsgröße anzugeben (% wovon? bzw. was sind 100 %?).
- Keine Scheingenauigkeit bei Zahlenangaben (d.h. Zahlen werden entsprechend ihrer Signifikanz gerundet).
- Zusammenfassungen und Summen vom restlichen Tabellenteil abheben.
- Zahlen werden am Dezimalpunkt oder rechtsbündig ausgerichtet.
- Fußnoten zur Tabelle direkt unterhalb der Tabelle anbringen.

11.3.2. Diagramme

Diagramme dienen wie Tabellen zur Veranschaulichung quantitativer Daten. Wozu man greift, hängt davon ab, welche Absichten der Informationsvermittlung im Vordergrund stehen. Soll ein rascher Überblick geboten werden, wird sich ein Diagramm empfehlen. Geht es um viele Details, wo Einzelwerte eine Rolle spielen, bietet die Tabelle Vorteile. Die Wahl der Darstellungsform ist aber auch auf die Zielgruppe abzustimmen. Um Redundanzen zu vermeiden, dürfen ein und dieselben Daten nie auf zweierlei Formen dargestellt werden, d.h. man sollte sich entweder für ein Diagramm oder für eine Tabelle entscheiden. Mittels bestimmter Softwareprogramme (z.B. MS Excel, Statistikprogramme) lassen sich Diagramme leicht aus Tabellen generieren. Grundsätzlich unterscheidet man folgende Diagrammtypen (die Bezeichnungen können je nach verwendeter Software leicht variieren):

- Säulendiagramm (Darstellung von Häufigkeiten, Zeitreihen und Trends);
- Balkendiagramm (Rangfolgen, Zusammenhänge);
- Kreisdiagramm (Struktur; Verhältnis bzw. Anteil einzelner Teile am Ganzen);
- Linien- oder Kurvendiagramm (Trends im Zeitverlauf);
- weitere Diagrammtypen, wie Flächen-, Punkt-, Ring-, Netzdiagramm, gestapelte Säulen, vergleichende Säulen- oder Balkenpaare, Polarkoordinatendiagramm, Summenliniendiagramm etc.

Zu sämtlichen Diagrammtypen existieren Varianten und Kombinationsmöglichkeiten. Abbildung 22 gibt Anhaltspunkte dafür, welcher Diagrammtyp am besten die vorhandenen Daten visualisiert.

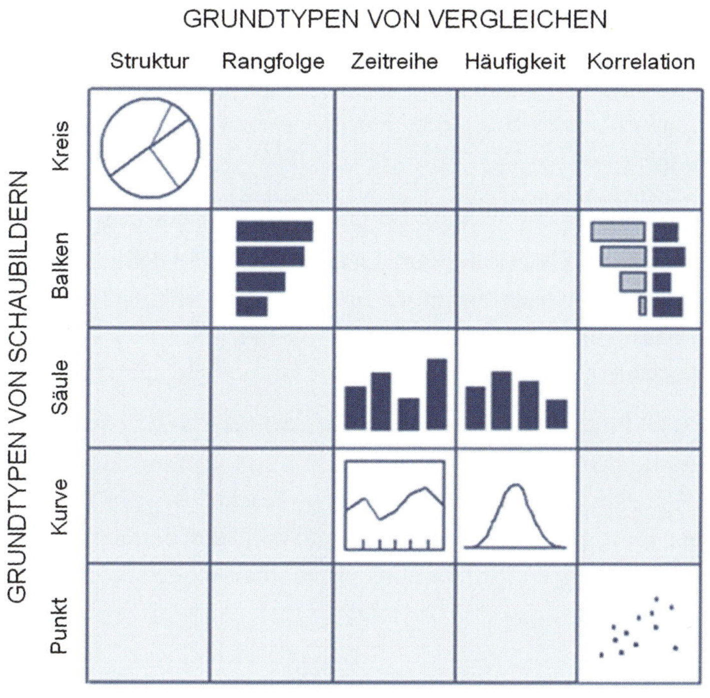

Abbildung 22: Grundtypen von Vergleichen und Schaubildern *(Zelazny 1986, 27)*

Folgende Grundsätze und Gestaltungstipps sollen helfen, aussagekräftige und ansprechende Diagramme zu produzieren (Ebster und Stalzer 2008, 104ff). Jedenfalls sollte man:

- aussagekräftige Beschriftung (Datenpunkte, Titel, Achsen, Legende etc.) anbringen;
- Diagramme nicht mit graphischen Elementen überladen (weniger ist mehr);
- Achsen nicht ohne entsprechende Kennzeichnung unterbrechen oder verzerren;
- die Skalen grundsätzlich bei 0 beginnen lassen, es gibt aber berechtigte Ausnahmen, auf diese muss entsprechend hingewiesen werden.
- Farben sparsam einsetzen, Farbsymbolik beachten (z.B. grün signalisiert etwas Positives, rot deutet auf Gefahren oder Verluste hin; blau für kalt, rot für warm etc.);
- Zahlenangaben angemessen runden;
- bei Säulen- und Balkendiagrammen nicht mehr als zehn Säulen oder Balken darstellen, Werte direkt am Datenpunkt anbringen;
- bei Kreisdiagrammen nicht mehr als fünf bis sieben Segmente darstellen; das wichtigste Segment beginnt bei „0 Uhr", die weiteren folgen mit abnehmender Bedeutung im Uhrzeigersinn; Datenbeschriftung direkt beim Segment;
- bei Liniendiagrammen kann ein Koordinatennetz hinterlegt werden, wenn dies der leichteren Lesbarkeit dient;

- bei Liniendiagrammen max. drei bis fünf durchgezogene, nicht zu dünne Linien verwenden;
- bei Punktdiagrammen für verschiedene Variablen unterschiedlich gestaltete Datenpunkte einsetzen, z.B. leere Formen stehen für Kontrolle, gefüllte für Behandlungen.
- die Achsen sind wenn möglich horizontal zu beschriften.

Häufige Fehler bei der Gestaltung von Diagrammen sind fehlende oder lückenhafte Beschriftung, verzerrte Achsen (beginnen nicht bei Null, ungleiche Werteschritte, ...), schlechte Lesbarkeit durch wenig geeignete Darstellungsform (z.B. 3D-Graphiken, zu große/zu kleine Schrift,...) oder Überladen mit Graphikelementen.

Graphische Darstellungen verschlüsseln Informationen durch Symbole, Farben und Muster. Bestimmte Effekte (Verzerrung, Überhöhung, Farben) können den Leser beim Anblick einer Graphik in seiner Wahrnehmung täuschen bzw. in die Irre führen. Zum Teil wird dieser Umstand bewusst zur Manipulation des Betrachters eingesetzt (siehe dazu beispielsweise Krämer 1998). Seriöse wissenschaftliche Arbeit verzichtet auf solche Mätzchen.

11.4. Visualisierung qualitativer Daten

Unter qualitativen Daten versteht man nichtnumerische Informationen. Dies können verbale Ausdrücke, Texte, aber auch Objekte wie Bilder, Zeichnungen, Filme etc. sein. Werden qualitative Daten graphisch aufbereitet und in Texte eingebettet, so spricht man von Abbildungen. Unter Abbildungen versteht man jede Form der bildlichen Darstellung, die der Visualisierung von Sachverhalten dient. Es können z.B. Fotographien oder Skizzen sein. Bisweilen werden aber auch Diagramme, hinter denen Daten und Zahlen stehen, ebenfalls als Graphiken bezeichnet. Diesbezüglich konnte sich bislang keine einheitliche Terminologie durchsetzen.

11.4.1. Informationsgraphiken

Wichtig für den Einsatz von Abbildungen jeder Art ist es, dass diese den Kern der Aussage abbilden (Balzert et al. 2008, 257). Abbildung 23 stellt einige spezielle Formen der Visualisierung qualitativer Daten vor.

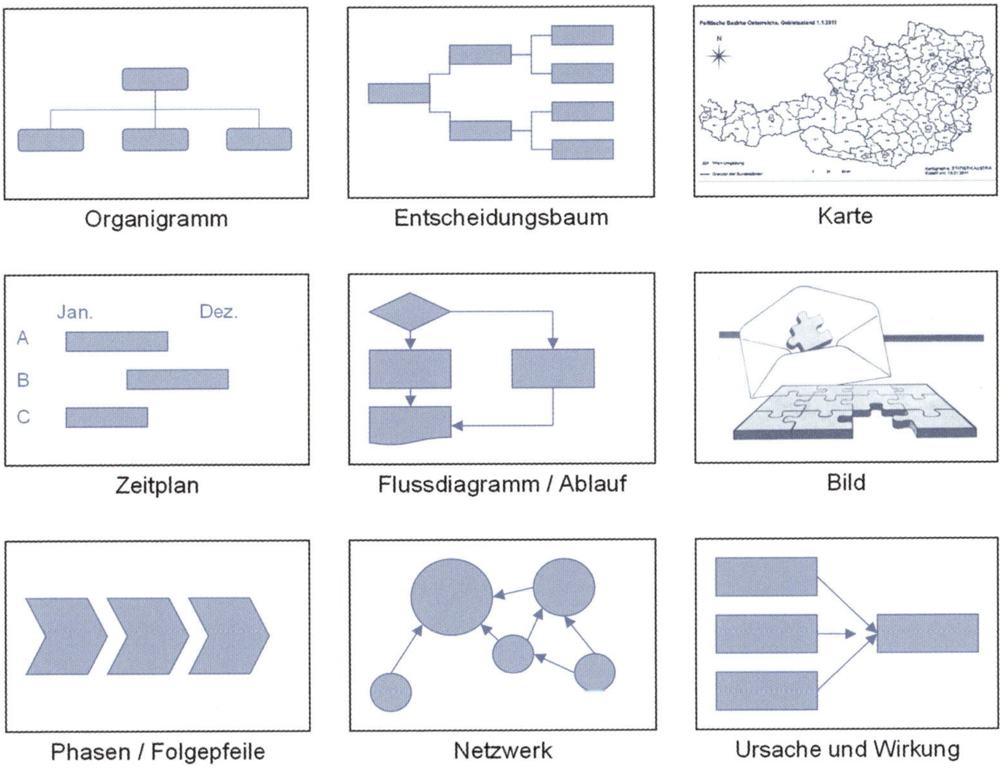

Abbildung 23: Beispiele für die Visualisierung qualitativer Informationen *(Böhringer und Hülsbeck 2004, 439)*

Informationsgraphiken eignen sich zur bildlichen und verständlichen Darstellung bestimmter Zusammenhänge, Aussagen, aber auch komplexer Sachverhalte und Abläufe, wie z.B. (Ebster und Stalzer 2008, 101f):

- **Strukturdarstellungen**: stellen Zusammenhänge dar. Dazu zählen beispielsweise Netzwerke (Zusammenhänge zwischen Einflussfaktoren, Visualisierung von Be ziehungsgeflechten), Baumdiagramme (Darstellung von hierarchischen Abhängigkeiten, z.B. Organigramm; die Elemente werden als geometrische Formen dargestellt und mit Linien/Pfeilen verbunden) und Flussdiagramme (zeitliche und logische Abläufe);
- **schematische Darstellungen**: abstrakte Abbildungen zur Komplexitätsreduktion.

Grundsätze und Tipps zur Gestaltung von Struktur- und schematischen Darstellungen:

- auf Übersichtlichkeit und Vollständigkeit achten;
- lesbare Schriften (serifenlos) einsetzen;
- wieder erkennbare, sich selbst erklärende Symbole verwenden;

- Verzicht auf informationslose Elemente, verspielte Cliparts, unnötige 3D-Darstellungen und dergleichen.

11.4.2. Übersichten

Übersichten fassen qualitative Daten (Text) in kumulativer Form zusammen. Der Aufbau einer Übersicht entspricht grundsätzlich dem einer Tabelle (Kopf, Vorspalte, Felder) (siehe Kapitel 11.3.1).

11.5. Visualisierung räumlicher Daten

Karten dienen der Visualisierung von räumlichen Daten und sind sowohl zur Darstellung qualitativer als auch quantitativer Informationen geeignet. Eine besonders großmaßstäbige bzw. detailreiche Karte bezeichnet man auch als Plan.

11.5.1. Grundtypen von Karten und Plänen

Grundsätzlich wird zwischen topographischen und thematischen Karten unterschieden. Topographische Karten dienen der genauen Positionsangabe oder Orientierung (z.B. Straßenkarten, Ortspläne). Thematische Karten dienen vordergründig der Sachinformation, sie stellen beispielsweise Informationen über Vegetation, Temperatur etc. im räumlichen Kontext dar. Durch diese räumliche Verortung der Information unterscheiden sich thematische Karten von Diagrammen, die quantitative Daten lediglich ohne Regionalbezug präsentieren. Grundlage einer thematischen Karte ist immer eine topographische Karte, welche die räumlichen Basisinformationen zur Verfügung stellt.

Eine Spezialform der thematischen Karte ist das so genannte Kartogramm, eine Kombination aus thematischer Karte und Diagramm zur Wiedergabe statistischer Daten. Dabei steht die Themenaussage vor der exakten Lageangabe.

In Abhängigkeit vom thematischen Hintergrund werden verschiedene Typen von kartographischen Plänen unterschieden. Beispiele dafür sind z.B. der Flächenwidmungsplan oder der Bebauungsplan in der Raumplanung sowie technische Detailzeichnungen wie z.B. Baupläne oder Straßenpläne.

11.5.2. Wahl von Maßstab und Signaturen

Karten müssen je nach Einsatzzweck meist vereinfacht und modifiziert werden. Dies gilt sowohl für die Wahl des geeigneten Maßstabs als auch für die Verwendung von Signaturen (Symbole, Schraffuren, ...).

Die folgenden Zahlen sollen eine Vorstellung von der Bedeutung des Maßstabs für die Kartendarstellung vermitteln:

- Maßstab 1:100.000: 1 km entspricht 1 cm auf der Karte
- Maßstab 1:50.000: 1 km entspricht 2 cm auf der Karte
- Maßstab 1:25.000: 1 km entspricht 4 cm auf der Karte

Für die Übersichtskarte einer größeren Region wählt man dem zu Folge einen eher kleinen Maßstab (z.B. 1:300.000). Die staatliche Übersichtskarte Österreichs (ÖK 500 des Bundesamtes für Eich- und Vermessungswesen) ist im Maßstab 1:500.000 dargestellt. So kann das gesamte Bundesgebiet auf einem Kartenblatt abgebildet werden. Im Vergleich dazu sind im Maßstab 1:50.000 (ÖK 50) 213 Kartenblätter nötig, um das gesamte Staatsgebiet abzudecken. Will man also ein überschaubares Gebiet, wie etwa die Ackerflächen eines landwirtschaftlichen Betriebes auf einer Karte abbilden, wählt man einen entsprechend größeren Maßstab (z.B. 1:5.000).

Zur Darstellung von Elementen auf der Karte dienen Signaturen. Je nach abzubildendem Objekt werden punktförmige (Piktogramme, z.B. zur Lokalisierung von Wegpunkten, Gebäuden), linienhafte (z.B. Flüsse, Straßen) oder flächenhafte Signaturen (z.B. Landnutzung, Vegetationszonen, geologische Formationen) eingesetzt.

Weiters wird zwischen konkreten (sprechenden) und diskreten (abstrakten, stark abstrahierten) Signaturen unterschieden. Grundsätzlich gilt für die Wahl der Signaturen, dass sie zielgruppenorientiert ausgesucht, dem Maßstab entsprechend vereinfacht dargestellt und in einer Legende erklärt werden müssen.

11.5.3. Formale Gestaltungsgrundsätze von Kartenblättern

Neben dem eigentlichen Kartenausschnitt müssen auf einem Kartenblatt folgende Elemente vorhanden sein:

- Legende (alle verwendeten Signaturen müssen erklärt werden)
- Maßstab
- Orientierungshilfe (Windrose, Nordpfeil, ...)
- Datengrundlage (Quelle/Urheberrecht an den Daten)
- AutorInnen (ErstellerInnen der Karte), Jahreszahl oder Datum
- Kartentitel

Als Grundsätze und Tipps zur Gestaltung von Karten sind zu empfehlen:

- die verwendeten Symbole und Schraffuren sind in einer Legende zu erläutern;
- der Maßstab bzw. eine Maßstabsleiste ist anzuführen; der Maßstab sollte möglichst entsprechend gerundet gewählt werden;

- Orientierungsangaben (z.B. Nordpfeil) nicht vergessen;
- auf die Lesbarkeit der Karte ist zu achten (Gesamteindruck, Aussage der Karte, ...);
- die Quelle bzw. Hinweise zum Urheberrecht der verwendeten Daten (Herausgeber, Jahresangabe, ...) sind anzugeben.

Größere Karten, die im Textfluss keinen Platz finden, können in eigenen Kartenlaschen im Buchumschlag beigelegt werden.

„Der Mensch, das Augenwesen, braucht das Bild.“
Leonardo da Vinci (1452-1519)

11.6. Wiederholungsfragen

1. Welche der folgenden Graphikelemente dienen zur Veranschaulichung qualitativer Informationen?

a) Entscheidungsbaum
b) Zeit- /Ablaufplan
c) Kreisdiagramm
d) Organigramm
e) Übersicht
f) Schematische Darstellung
g) Flussdiagramm

2. Welche Aussagen in Bezug auf eine – gemäß den in diesem Buch gegebenen Empfehlungen – formal korrekt verfasste Tabelle treffen zu?

a) Der Tabellenkopf ist dem Vorspaltenfeld übergeordnet.
b) Zahlen sollten am Dezimalpunkt bzw. rechts ausgerichtet werden.
c) Die unabhängige Variable ist in der Spalte angeführt, die abhängige in der Zeile.
d) Unter der Tabelle sind der Titel und die Quelle anzugeben.
e) Um die Verständlichkeit der Zahlen zu garantieren, sollten die Maßeinheiten in jeder Zelle angeführt werden.
f) Bei relativen Zahlen ist stets die Bezugsgröße anzugeben.
g) Fußnoten werden unter der Tabelle angeführt.

3. Welche graphische Darstellung würden Sie für folgendes Datenmaterial verwenden?

Länder	Alkoholkonsum [l/Einwohner und Jahr]
Frankreich	14
Italien	12
Ungarn	11
Spanien	13
Deutschland	11

a) Säulendiagramm
b) Balkendiagramm
c) Liniendiagramm
d) Kreisdiagramm
e) Punktdiagramm
f) Flussdiagramm

4. Welche Aussagen in Bezug auf den Einsatz von Diagrammen sind korrekt?

a) Säulendiagramme sind zur Darstellung von Rangfolgen am besten geeignet.
b) Diagramme dienen zur Veranschaulichung quantitativer Daten.
c) Ein und dieselben Daten sollten nie in zwei Formen dargestellt werden.
d) Punkt- und Liniendiagramme eignen sich zur Veranschaulichung von Korrelationen.
e) Um Strukturen darzustellen, deren Anteile in Summe 100% ergeben, sind Kreisdiagramme zu verwenden.
f) Das wichtigste Segment eines Kreisdiagrammes sollte bei „0 Uhr“ beginnen.

5. Welche Methoden entsprechen nicht dem formal korrekten Umgang mit Diagrammen?

a) Verzerren der Achsen
b) Vorsätzliches Einsetzen der Farbsymbolik
c) Überhöhen von Säulen und Balken
d) Nutzen von 3D-Darstellungen
e) Unterbrechen der Achsen
f) Runden von Zahlenangaben
g) Selektives Weglassen von Daten, um die eigene These zu untermauern

6. Welche formalen Elemente sollen bei der Verwendung einer Karte in jedem Fall angeführt werden?

a) Datenquelle
b) Legende
c) Maßstab
d) Räumliche Ausrichtung (Nordpfeil)
e) Titel
f) Verwendete Software
g) Diskrete Signaturen
h) Kartogramme

Lösungen zu den Wiederholungsfragen siehe Seite 159f.

12. Präsentation wissenschaftlicher Arbeiten

"Talk low, talk slow, and don't say too much."
John Wayne (1907-1979)

Das Kapitel *Präsentation wissenschaftlicher Arbeiten* beantwortet folgende Leitfragen:

? Welche Chancen bietet die mündliche Präsentation einer wissenschaftlichen Arbeit dem/der WissenschafterIn?

? Welche Faktoren bestimmen den Erfolg einer mündlichen Präsentation?

? Wie baut man eine Präsentation auf?

? Welche Elemente sollen in einer mündlichen Präsentation enthalten sein?

? Wie können visuelle Hilfsmittel eingesetzt werden?

? Wie geht man mit Rhetorik und Zeitmanagement um?

? Wie gestalte ich ein Poster?

Das Kapitel *Präsentation wissenschaftlicher Arbeiten* verfolgt nachstehende Lernziele:

- Die Präsentation einer wissenschaftlichen Arbeit vorbereiten können
- Handwerkszeug für das Halten einer mündlichen Präsentation beherrschen
- Grundlagen der Postergestaltung kennen und anwenden können

12.1. Mündliche wissenschaftliche Präsentationen

Eine mündliche Präsentation soll das Interesse für die Resultate wissenschaftlicher Forschungen wecken, die Hauptaussagen einer Arbeit leicht erfassen helfen und zur wissenschaftlichen Diskussion anregen. Neben den fachlichen Kenntnissen des/der Vortragenden („hard skills") werden immer auch dessen/deren Fähigkeiten in Bezug auf Vortrag und Präsentation durch das Publikum („soft skills") beurteilt (Mohr 2005, 17). Der Erfolg einer mündlichen Präsentation hängt von drei Hauptfaktoren ab: dem Inhalt, den visuellen Hilfsmitteln und dem Vortragsstil (Ascheron 2007, 53).

12.1.1. Anforderungen an eine mündliche Präsentation

Das Wort Präsentation beinhaltet den lateinischen Wortstamm *praesens, -entis*, also gegenwärtig, anwesend, ein Präsent ist aber auch ein Geschenk. Das bedeutet, dass die Präsentation einen Mehrwert gegenüber dem Lesen einer wissenschaftlichen Arbeit bringen muss, sonst ist sie die falsch gewählte Kommunikationsform. Die Qualität einer

Präsentation hängt in einem hohen Maße von deren Aufbau und Gliederung ab. Sie sollte in gleicher Weise logisch und konsekutiv aufgebaut sein wie jede andere wissenschaftliche Arbeit: Am Beginn werden die Forschungsfrage bzw. das zu untersuchende Problem und die Arbeitshypothese definiert, in der Folge Höhepunkte in Form von visualisierten Ergebnissen vorgestellt, um die ungeteilte Aufmerksamkeit der ZuhörerInnen zu erhalten. Abschließend wird die Lösung geboten.

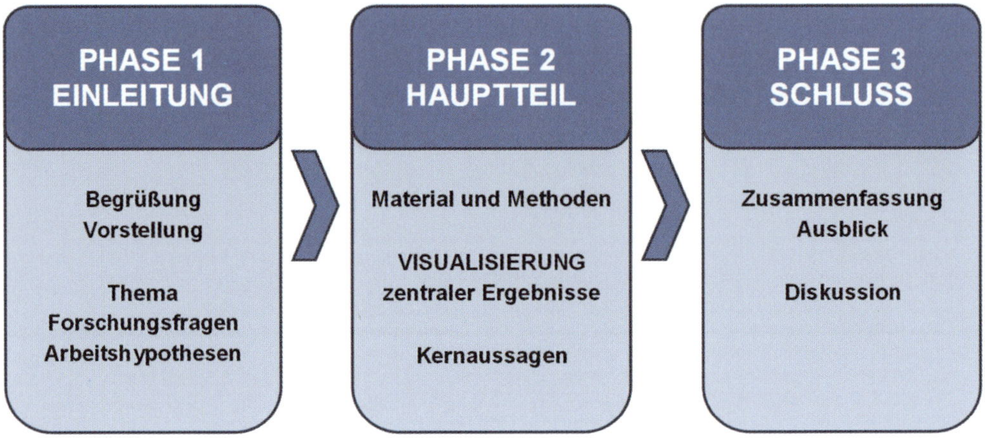

Abbildung 24: Phasen einer Präsentation *(verändert nach Ebster und Stalzer 2008, 131)*

Damit sich die ZuhörerInnen angesprochen fühlen, ist der durchschnittliche Wissensstand des Auditoriums bei der Zusammenstellung der Präsentation als Orientierungshilfe im Hinterkopf zu behalten. Je besser es gelingt, sich inhaltlich auf das Publikum einzustellen, desto größer ist der Erfolg des Vortrages (Ascheron 2007, 56).

Zur Vorbereitung können folgende Orientierungsfragen dienen (Ebster und Stalzer 2008, 130):

- Welcher Personenkreis wird bei der Präsentation anwesend sein (KollegInnen, WissenschafterInnen, Konferenzpublikum, …)?
- Wie sind die themenspezifischen Kenntnisse des Publikums? Welche Begrifflichkeiten können vorausgesetzt werden?
- Welche Vortragsmedien stehen zur Verfügung (Flipchart, PowerPoint, Beamer, …)?
- Welcher Zeitrahmen ist für die Präsentation vorgesehen?
- Gibt es im Anschluss eine Diskussion?

12.1.2. Elemente einer mündlichen Präsentation

Jeder Vortrag umfasst mehrere Teile, die wiederum bestimmte Anforderungen erfüllen sollen. Folgende Elemente sollten klar erkennbar werden:

- Titel: Dieser weckt Interesse, nimmt aber den Inhalt nicht vorweg. Er sollte so kurz und ansprechend wie möglich formuliert sein.
- Inhaltsübersicht: Das Publikum bekommt einen Überblick, was es zu erwarten hat, gleichzeitig spannt eine Kurzgliederung einen roten Faden, an dem sich die ZuhörerInnen orientieren können.
- Einleitung: Diese definiert das wissenschaftliche Umfeld, die Kernprobleme und die Ziele der wissenschaftlichen Arbeit.
- Material und Methoden: Außer bei methodischen wissenschaftlichen Arbeiten beschränken sich Bemerkungen zur Vorgehensweise auf jene Details, die für das Verständnis unbedingt erforderlich sind.
- Ergebnisse und Diskussion: Dieser Punkt beschreibt die zentralen Resultate, Analysen und Interpretationen gefundener Fakten am besten anhand von wenigen einprägsamen Beispielen, um Spannung im Publikum aufzubauen.
- Schlussfolgerung: Sie ruft die Quintessenz der Präsentation ins Gedächtnis und bietet die „take home message". Sie bildet das Ende der Präsentation.

Tipps für eine mündliche Präsentation von 15 Minuten:

Maximal 9 Folien vorsehen: 1. Titelfolie, 2. Inhaltsübersicht, 3. Einleitung, 4. Material und Methoden, 5-8. Ergebnisse bevorzugt unterstützt durch visuelle Hilfsmittel, 9. Schlussfolgerungen/Zusammenfassung. Ein Dank für die Aufmerksamkeit, eventuell verbunden mit einigen Worten, die klarstellen, dass die Diskussion beginnen kann, beendet die mündliche Präsentation.

12.1.3. Zeitmanagement beim Präsentieren

Ein vorgegebener Zeitrahmen ist einzuhalten, daher sollte inhaltlich nicht zuviel „verpackt" werden. Die Präsentation sollte, vor allem wenn man „AnfängerIn" ist, unbedingt geprobt werden. Während der Präsentation ist auf Zeitkontrolle zu achten; eine Unterschreitung der Redezeit wird vom Publikum eher toleriert als ein endloses Überziehen. Wenn die Zeit knapp zu werden droht, sollten besser Teile der vorbereiteten Präsentation weggelassen werden, als dass das Sprechtempo gesteigert wird. Dafür empfiehlt es sich "Absprungstellen" vorzusehen, so dass Passagen ausgelassen werden können und trotzdem ein abgerundeter Eindruck erhalten bleibt.

12.1.4. Umgang mit dem Publikum – Rhetorik

- Abwarten, bis im Auditorium Ruhe eingekehrt ist und entsprechende Aufmerksamkeit herrscht.
- Stets die Uhr im Auge behalten, um das Voranschreiten der Sprechzeit zu kontrollieren.
- Das Publikum zu Beginn der Präsentation möglichst persönlich ansprechen.
- Unterlagen ordnen; PowerPoint-Präsentationen können helfen, die Präsentationsunterlagen übersichtlich geordnet zu haben und den „roten Faden“ nicht zu verlieren, sind aber nicht jedermanns Sache.
- Jedes visuelle Hilfsmittel sollte in Abhängigkeit von dessen Komplexität dem Betrachter ausreichend lang zur Verfügung stehen.
- Eine Art „Leitmotiv“, ein „roter Faden“ hilft, die Ideen, die hinter der Gedankenführung stecken, immer wieder aufzugreifen.
- Um die Aufmerksamkeit der ZuhörerInnen laufend zu wecken, kann "Spannung“ dadurch aufgebaut werden, dass z.B. rhetorische Fragen gestellt werden. Auch die Variation der Sprechgeschwindigkeit oder Pausen lassen sich bewusst einsetzen.
- Ein allzu rasches Ermüden der Zuhörer kann durch einen lebendigen Vortragsstil und Auflockerungen vermieden werden.
- Ein abgelesener Text wirkt monoton, daher ist die „freie Rede“ zu bevorzugen, weil sie authentisch wirkt.
- Lampenfieber ist normal, trotzdem sollte eine entkrampfte Körperhaltung eingenommen und Blickkontakt zum Publikum gesucht werden. Einen Monolog in Richtung leerer Wand empfindet das Publikum als unangenehm.
- Nicht zu rasch und nicht zu leise sprechen, keine Silben verschlucken, die Lautstärke soll der Größe und der Akustik des Raumes angepasst sein. Eine abwechslungsreiche Modulation macht die Präsentation spannend.
- Die Sprache sollte einfach sein ohne Schachtelsätze. Das Publikum soll sich auf Inhalte konzentrieren können, ebenso sind Satzfragmente zu vermeiden.
- Beim Sprechen Zeit lassen und dem Publikum Pausen gönnen. Diese ermöglichen es, das Gehörte geistig zu verarbeiten.
- Klares Hochdeutsch sprechen; eine allzu "gekünstelte" Ausdrucksweise vermeiden. Eine natürliche regionale Sprachfärbung ist "aufgesetztem Hochdeutsch" vorzuziehen, aber nicht in reinen Dialekt verfallen.
- Enthusiasmus für das Thema springt auf das Publikum über und kann durch entsprechende Mimik und Gestik unterstützt werden.

- Die letzten Sätze der Präsentation sollen als Quintessenz im Gedächtnis haften bleiben und daher besonders eindringlich und langsam gesprochen werden. Um die Aufmerksamkeit des Publikums zu steigern, kann es auch hilfreich sein vorübergehend leiser zu sprechen, da die Zuhörer dann „die Ohren spitzen" müssen.
- Bei einer längeren Präsentation sollte zwischen den Hilfsmitteln gewechselt werden, z.B. von PowerPoint zu einer Flipchart.
- Wird in der Diskussion eine Frage gestellt, die nicht beantwortet werden kann, empfiehlt sich Ehrlichkeit und kein Herumreden um den heißen Brei.
- Das Publikum will unterhalten und nicht unterrichtet werden!

12.1.5. Gestaltung und Nutzung von Hilfsmitteln

Visuelle Hilfsmittel sind ein wichtiger Bestandteil jeder mündlichen wissenschaftlichen Präsentation geworden und unterstützen den/die Vortragenden sowie die ZuhörerInnen. Frei nach dem Motto „Ein Bild sagt mehr als tausend Worte". Besonders zur Veranschaulichung komplexer wissenschaftlicher Inhalte eignet sich eine optisch gut aufbereitete Darstellung oft besser, als diese nur mündlich zu beschreiben.

Bei der Nutzung und Gestaltung von visuellen Hilfsmitteln für eine mündliche Präsentation gilt es Folgendes zu berücksichtigen:

- Medien sollten nicht bloß als Gag eingesetzt werden, sondern als Hilfsmittel für das Publikum. Zu bedenken ist, dass ein Zuhörer nicht zurückblättern kann.
- Der Umgang mit audiovisuellen Medien verlangt Übung.
- Folien sollten übersichtlich gestaltet werden und nicht überfrachtet sein, sie müssen sorgfältig und ordentlich vorbereitet sein.
- Folien mit Text sollten nicht mehr als 40 Wörter mit 40 Buchstaben pro Zeile enthalten.
- Eine Folie sollte nicht mehr als 14 Zeilen beinhalten.
- Eine gekonnte Anordnung (Einrücken, Blickpunkte, Pfeile etc.) bringt Struktur in das Bild.
- Schlagwörter oder kurze Sätze sind zu bevorzugen.
- Wörter in Großbuchstaben sind schwer zu lesen.
- Serifenlose, eventuell fette Schrifttypen mit mindestens 16 pt. verwenden.
- Folien sollten eine einheitliche "Gestaltungslinie" und Strukturierung erkennen lassen.
- Ein professionelles Layout lässt sich durch Rahmen, durch Fußzeilen mit Vortragstitel, Ort und Datum oder durch ein spezifisches Logo erzielen (Folienmaster im PowerPoint).

- Mehrfach verwendete Folien sollten auch mehrfach angefertigt werden, um ein Suchen oder Herumklicken zu vermeiden.
- Jede Folie sollte einen in sich abgeschlossenen Teil des Vortrages mit der entsprechenden Überschrift enthalten.
- Stichwortkarten können helfen, die freie Rede zu unterstützen.
- Antworten auf naheliegende Diskussionspunkte vorbereiten.

12.1.6. Häufige Fehler bei Präsentationen

Die folgende Auflistung häufiger Fehler bei mündlichen Präsentationen soll als Gedankenstütze dienen, worauf bei der Vorbereitung besonders zu achten ist:

- Zeitüberschreitungen (zur Vermeidung regelmäßiger Blick auf die Uhr)
- Schlechte Vorbereitung
- Falsche Einschätzung des Publikums (Niveau der Zuhörerschaft richtig abschätzen)
- Keine erkennbare logische Linie
- Ablesen
- Folien unleserlich und überladen
- Symbole und Diagramme unzureichend erklärt bzw. Tabellen unverständlich gestaltet
- Abkürzungen und Fachjargon
- Keine Wiedereinstiegsmöglichkeit für „geistig ausgestiegene Zuhörer“ (deswegen an geeigneten Stellen kurze Wiederholungen als Einstiegsbrücken vorsehen).

12.2. Hinweise zur Gestaltung von wissenschaftlichen Postern

Ein wissenschaftliches Poster will Informationen im „Schnelldialog“ einem interessierten Publikum vermitteln (Faulstich 2004, 80). Es stellt die wichtigsten Inhalte einer Arbeit kurz und prägnant so dar, dass sie ohne zusätzliche Erklärung für sich selbst sprechen (Hoffmann s.a., 1). Poster hängen oft bei Tagungen und Kongressen auf Pinnwänden sowie manchmal beispielsweise als Schautafeln auf Institutsgängen.

12.2.1. Grundsätzliche Aspekte der Postergestaltung

Bei der Gestaltung eines Posters sind folgende Kriterien maßgebend:

- **Inhalt**

  Bei der Erstellung eines wissenschaftlichen Posters sollen Relevanz und Neuigkeit gegeben sein. Ferner besteht die Kunst darin, die Aussage auf das Wesentliche und das Notwendige zu beschränken, ohne dabei zu sehr zu verallgemeinern. Ein Poster sollte die gebräuchliche Gedankenfolge einer wissenschaftlichen Arbeit umfassen: Abgrenzung des Problems, Ziele (Welche Fragen sollen beantwortet werden? Welches Ziel verfolgen die Forschungen?), Methode (Welches systematische Vorgehen liegt der Erkenntnisgewinnung zugrunde?), Ergebnisse (Was ist festgestellt worden und was bedeuten die Befunde für die aufgeworfene Frage und das Erkenntnisziel?) und Schlussfolgerungen (Bedeutungen der Ergebnisse und mögliche Konsequenzen in der Praxis?) (Hoffmann s.a., 1). Überdies ist die Angabe der AutorInnen mit Kontaktadresse und Logos der Institutionen erforderlich.

- **Gestaltung und Umsetzung**

  Die Visualisierung und die Illustration von Aussagen ist gefragt, da Betrach-terInnen so wenig wie möglich lesen, jedoch so viel wie möglich Information erhalten wollen. Daher ist im Vorhinein zu entscheiden, in welcher Form sich diese Informationen (Abbildung, Diagramm, Karte, Tabelle, Text) optimal darstellen bzw. anordnen lassen.

- **Anordnung**

  Das Poster bietet Fläche (üblicherweise im Format A0, 84 x 119 cm), die gut aufgeteilt und strukturiert sein will. Aufteilen heißt jedoch nicht Zupflastern. Die Leserichtung folgt grundsätzlich von links oben nach rechts unten. Zur Strukturierung des Posters sollten nicht mehr als 2 Spalten verwendet werden. Durch Nummerierungen und Punktationen werden die Betrachtenden durch das Poster geführt (Stangl 2003, s.p.).

- **Titel**

  Der Postertitel hat den Hauptinhalt des Posters treffend wiederzugeben. Ferner sollte er aus 5 m Entfernung gut lesbar sein (Schriftgrad: 72 pt). Die Formulierung als Frage oder als Wortspiel macht das wissenschaftliche Plakat attraktiv (Stangl 2003, s. p.).

- **Text**

  Der verbale Teil sollte sich auf ein Minimum (ca. 30 % der Posterfläche) beschränken. Einzelne Textblöcke sollten nicht mehr als 10 Zeilen umfassen, gut lesbar sowie einfach und schlagwortartig formuliert sein. Stichwortaufzählungen, aussagekräftige Abbildungen oder Tabellen sind überschaubarer als ausformulierte Sätze (Stangl 2003, s. p.).

- **Schrift**

  Schrifttyp, Buchstabengröße und Zeilenabstand sind so zu wählen, dass das Poster auch aus größerer Entfernung (2 - 3 m) lesbar bleibt (serifenlose Schriften wie Arial, Helvetica mit weitem Zeilenabstand, Schriftgrad: 36 pt). Symbole wie

Fragezeichen, Ausrufezeichen oder Pfeile können auf Stellen von besonderem Interesse hinweisen (Stangl 2003, s. p.).

- **Farbenwahl**

  Die Farbe stellt ein elementares Gestaltungsmittel von Postern dar, wobei sich klare Grundfarben empfehlen. Einzelne Farbtöne müssen sich deutlich voneinander abheben. Eine durchdachte Farbgebung kann dem Beobachtenden zusätzlich die Orientierung erleichtern. Als Hintergrund sind gedämpfte und für das Auge angenehme Farben von Vorteil (z. B. olivgrün, braunorange). Einzelne Abschnitte lassen sich durch verschiedene Hintergrundfarben zusätzlich gliedern. In Abbildungen sollte eine gleiche Form und Farbe von Feldern auf gleiche Bedeutungen verweisen. Unterschiedliche Bedeutung und Funktion sollte sich auch in unterschiedlicher Form niederschlagen.

  Es ist zu beachten, dass Farben auf dem Bildschirm nicht immer den Farben des gedruckten Posters entsprechen (Hofmann s. a., 2; Mayr 2005, s. p.).

- **Abbildungen**

  Klar und einheitlich gestaltete Graphiken bzw. Diagramme sollen essentielle Informationen transportieren. Ihre Zahl pro Poster sollte 5 nicht überschreiten. Sie sollten ausreichend groß sein (mind. A4), sodass eine Lesbarkeit aus 2 – 3 m gewährleistet bleibt.

  Fotos wirken anziehend („Eyecatcher“) und sollten mit kurzen und lesbaren Untertiteln versehen sein, damit der/die Betrachtende weiß, worauf aufmerksam gemacht werden soll (Stangl 2003, s. p.).

- **Tabellen**

  Die Verwendung von Abbildungen ist jener von Tabellen vorzuziehen. Bei der Nutzung von Tabellen sollte man diese auf höchstens vier Zeilen und Spalten beschränken, da Tabellen mit sehr viel oder sehr komplexem Inhalt unübersichtlich sind (Stangl 2003, s. p.).

- **Zusatzmaterial**

  Handouts oder Flyer als Zusatzmaterial zum Poster beinhalten Informationen, die auf dem Poster keinen Platz mehr gefunden haben. Das Handout sollte eine kurze Zusammenstellung aller Ergebnisse beinhalten, die für den interessierten Posterleser zum Mitnehmen sind, eine „Visitenkarte“ ist unbedingt beizufügen (Stangl 2003 s. p.).

Der ästhetische Eindruck soll sich auf das Wesentliche konzentrieren und den Blick lenken. Ein ansprechendes und schönes Poster lädt zum Verweilen ein und damit kommt auch der Rest, das weniger Zentrale, zu seinem Recht (Hoffmann s. a., 3).

Für das Verfassen wissenschaftlicher Poster ist daher folgender Merksatz zu beachten:

Kriterien eines guten Posters sind Einfachheit, Übersichtlichkeit, Verständlichkeit, Überraschungseffekt, Originalität, Suggestion, optische Nah- und Fernwirkung (Faulstich 2004, 83).

12.2.2. Weiterführende Tipps zur Postergestaltung

Um wissenschaftliche Resultate erfolgreich via Poster zu vermitteln, sind einige Knackpunkte zu beachten, vor allem:

- Vorabklärung: Wer ist das Zielpublikum? An wen richtet sich dieses Poster?
- Attraktivität: Ein Poster soll auffallen, es muss optisch die Aufforderung transportieren: „Lies mich!“, „Diskutiere mit mir“;
- Zur Wahrung von Übersichtlichkeit braucht es eine Konzentration auf: „need to have“, nicht „nice to have“;
- Ergebnisse auf wenige wichtige Aspekte eingrenzen;
- Keine detaillierte Diskussion;
- Schlussfolgerung hervorheben und auf Hauptaussage beschränken;
- Literaturzitate begrenzen, falls überhaupt nötig (kleinerer Font [= Buchstabengröße]).

In welcher Form auch immer die Präsentation wissenschaftlicher Erkenntnisse stattfindet, kein ehrlich bemühter Wissenschaftler hat Anlass, sich vor Diskussionen zu fürchten oder Kritik zu scheuen. Im Gegenteil: Sachliche Stellungnahmen zur öffentlichen Vorstellung von Forschungsresultaten zeugen von Ernstgenommen werden und Anerkennung geleisteter Arbeit. Gerade der produktive Umgang mit fachlichem Dissens und die konstruktive Befassung mit systematischen Zweifeln bergen kreatives Potential und helfen, die Schaffung von neuem Wissen voranzutreiben.

„Eine gute Rede soll das Thema erschöpfen, nicht die Zuhörer.“ Winston Churchill (1874-1965)

12.3. Wiederholungsfragen

1. Der Erfolg einer mündlichen Präsentation hängt wesentlich von folgenden Hauptfaktoren ab:

a) Inhalt
b) Visuellen Hilfsmitteln
c) Vortragsstil
d) Ergebnissen

2. Welche der nachfolgenden Elemente sollten in einer mündlichen Präsentation vorhanden sein?

a) Einleitung
b) Titel
c) Ergebnisse und Diskussion
d) Abbildungsverzeichnis
e) Material und Methoden

3. Welche inhaltliche Gedankenfolge sollte auf einem Poster nicht dargestellt werden?

a) Einleitung
b) Inhaltsverzeichnis
c) Problem
d) Ziele
e) Methoden
f) Ergebnisse

4. Welche der nachstehenden Kriterien sollen zur Postergestaltung beachtet werden?

a) Übersichtlichkeit
b) Detaillierte Darstellung aller Inhalte
c) Konzentration auf „nice-to-have" NICHT „need-to-have"
d) Ein Poster für alle Zielgruppen gestalten
e) Originalität
f) Verständlichkeit

5. Worauf ist bei einer PowerPoint-Präsentation zu achten?

a) Schriftgröße
b) Der Umgang mit audiovisuellen Hilfsmitteln soll geübt werden
c) Textmenge pro Folie
d) Folien sollten möglichst viel Information enthalten
e) Schriftart
f) Folien müssen unbedingt animiert sein

Lösungen zu den Wiederholungsfragen siehe Seite 159f.

Lösungen zu den Wiederholungsfragen

"Man lernt nie aus: Aus diesem Satz sollte man lernen."
*Gerhard Uhlenbruck (*1929)*

Kapitel	Frage: Lösungen	
1	**1**: b, c, e; **2**: b, e, g; **3**: b, c, f; **4**: c; **5**: b, e, f; **6**: c, d, e;	**7**: b, c, d; **8**: b; **9**: a, b, c; **10**: c, d, e; **11**: a, b, c, d, e, f;
2	**1**: a, b, e; **2**: a, b, c, d; **3**: b;	**4**: keine richtige Antwortmöglichkeit **5**: b, e, f; **6**: b, c, f;
3	**1**: a, c, d, f; **2**: a, c, e, f;	**3**: c, d, f; **4**: a, c, e;
4	**1**: b; **2**: b, c, d, e; **3**: c, d;	**4**: d, f; **5**: a, d; **6**: b, d;
5	**1**: a, c, d, e; **2**: c, e; **3**: a, d, e, g;	**4**: b, e, f; **5**: c, f;
6	**1**: a, c; **2**: c, d;	**3**: b, c, f; **4**: b, e;
7	**1**: a, c, d; **2**: b, d, f; **3**: a, b, e, f;	**4**: a, c, f; **5**: d; **6**: a, c, d;
8	**1**: a, b, d; **2**: a; **3**: a, b, c, d; **4**: a, b;	**5**: b; **6**: a; **7**: c, d;
9	**1**: b; **2**: b; **3**: a; **4**: c;	**5**: a; **6**: c; **7**: a, b, c, d;

10	**1**: Zitat fehlt; Titel dürfen nicht aufgezählt werden; Wertende, subjektive Aussage (der berühmte Intellektuelle und sein epochales Werk)	**2**: a, b; **3**: b, c, d; **4**: b, d, f; **5**: b, c, f; **6**: c, e, f;
11	**1**: a, b, d, e, f, g; **2**: b, f, g; **3**: a, b;	**4**: b, c, e, f; **5**: a, c, e, g; **6**: a, b, c, d, e;
12	**1**: a, b, c; **2**: a, b, c, e; **3**: a, b;	**4**: a, e, f; **5**: a, b, c, e;

Abbildungsverzeichnis

Verzeichnis der Übersichten

Literaturverzeichnis

Adam, M.; Musiat, J.; Stöhr, M. und Wenzel, C., 2016. Literaturverwaltungsprogramme im Überblick. Dresden: SLUB Dresden. Verfügbar in: http://nbn-resolving.de/urn:nbn:de:bsz:14-qucosa2-77350 [Abfrage am 22. Februar 2017].

Ascheron, C., 2007. Die Kunst des wissenschaftlichen Präsentierens und Publizierens: ein Praxisleitfaden für junge Wissenschaftler. Heidelberg: Elsevier, Spektrum Akad. Verl.

Assmann, L., 2010. Skeptizismus. utb-Online-Wörterbuch Philosophie. Verfügbar in: http://www.philosophie-woerterbuch.de [Abfrage am 17. Februar 2017].

Baade, J.; Gertel, H. und Schlottmann, A., 2005. Wissenschaftlich arbeiten – Ein Leitfaden für Studierende der Geographie. Bern: Haupt.

Balzert, H.; Schäfer, C.; Schröder, M. und Kern, U., 2008. Wissenschaftliches Arbeiten. Wissenschaft, Quellen, Artefakte, Organisation, Präsentation. Herdecke: W3L-Verlag.

Bayer, K., 1996. Argument und Argumentation. Logische Grundlagen der Argumentationsanalyse. Opladen: Westdeutscher Verlag.

BMBWK, 2006. Universitätsgesetz 2002. Wien. Verfügbar in: http://www.bmwf.gv.at/uploads/media/0oehs_ug02.pdf [Abfrage am 21. Februar 2008].

Böhringer, A. und Hülsbeck, M., 2004. Anschauliche Visualisierung quantitativer und qualitativer Informationen in Studienpräsentationen. Informationen für Studium und Beruf, WiSt Heft 7, 437-440.

Borhardt, R., 2008. Methoden empirischer Praxisforschung. Verfügbar in: http://www.hs-coburg.de/rbo-mep.html [Abfrage am 23.11.2008].

Bournemouth University, 2007. BU guide to citation in the Harvard style. Brief Guide. Verfügbar in: http://www.bournemouth.ac.uk/library/citing_references/docs/Citing_Refs.pdf [Abfrage am 19. Februar 2008].

Brockhaus Enzyklopädie in 24 Bänden, 1970. Bd. 10, 17. Aufl. Wiesbaden: Brockhaus.

Bröckling, F.; Krajewski, C. und Thiesing, S., 2007. Anleitung zum wissenschaftlichen Arbeiten. Studienblätter, Heft 10, 4. Aufl. Münster: Arbeitsgem. Angewandte Geographie Münster e.V.

Burchert, H. und Sohr, S., 2005. Praxis des wissenschaftlichen Arbeitens. Eine anwendungsorientierte Einführung. München: Oldenbourg Wissenschaftsverlag GmbH.

Burzan, N., 2005. Quantitative Methoden der Kulturwissenschaften – Eine Einführung. Konstanz: UVK Verlagsgesellschaft m.b.H.

Chalmers, A. F., 2001. Wege der Wissenschaft: Einführung in die Wissenschaftstheorie. 5. Aufl. Berlin: Springer.

DFG (Deutsche Forschungsgemeinschaft), 1998. Empfehlungen der Kommission „Selbstkontrolle in der Wissenschaft" – Vorschläge zur Sicherung guter wissenschaftlicher Praxis. Bonn: DFG. Verfügbar in: https://www.uni-kl.de/fileadmin/ha-1/Ombudsgremium/Anlage3.pdf [Abfrage am 14. Februar 2017].

Dtv Brockhaus Lexikon in 20 Bänden, 1982. Bd. 13, München: Dt. Taschenbuch Verlag.

Duden. Deutsches Universalwörterbuch, 1996. 3., neu bearb. u. erw. Aufl. Mannheim: Dudenverlag.

Ebster, C. und Stalzer, L., 2002. Wissenschaftliches Arbeiten für Wirtschafts- und Sozialwissenschafter. Wien: WUV Universitätsverlag.

Ebster, C. und Stalzer, L., 2008. Wissenschaftliches Arbeiten für Wirtschafts- und Sozialwissenschaftler. 3., überarb. Aufl. Wien: facultas.wuv Universitätsverlag.

Esselborn-Krumbiegel, H., 2004. Von der Idee zum Text. Eine Anleitung zum wissenschaftlichen Schreiben. 2. Aufl. Paderborn: Schöningh-Verlag.

Esselborn-Krumbiegel, H., 2008. Von der Idee zum Text. Eine Anleitung zum wissenschaftlichen Schreiben. 3. Aufl. Paderborn: Schöningh-Verlag.

ETH (Eidgenössische Technische Hochschule Zürich, Bibliothek), 2015. Literaturverwaltungsprogramme im Vergleich. Schulungsunterlagen. Verfügbar in: http://www.library.ethz.ch/Ueber-uns/Veranstaltun gen/Literaturverwaltungsprogramme-im-Vergleich [Abfrage am 22. Februar 2017].

Europäische Kommission, 2016. Die Europäische Union erklärt: Forschung und Innovation. Amt für Veröffentlichungen der Europäische Union: Luxemburg.

Europäische Union, 2017. Politikfelder der Europäischen Union. Forschung und Innovation. Verfügbar in: https://europa.eu/european-union/topics/research-innova tion_de [Abfrage am 17. Februar 2017].

Faulstich, W., 2004. Medienwissenschaft. Paderborn: Wilhelm Fink-Verlag.

Ferk, J., 2007. Das große Zittern. Die Presse – Spectrum, 20. Januar 2007, 3.

Fragnière, J.-P., 1990. Wie schreibt man eine Diplomarbeit? 2. Aufl. Bern: Haupt.

Franck, N., 2004. Handbuch wissenschaftliches Arbeiten. Frankfurt am Main: Fischer Taschenbuch Verlag.

Friedrichs, J., 1990. Methoden empirischer Sozialforschung. 14. Aufl. Opladen: Westdeutscher Verlag.

FWF (Der Wissenschaftsfonds), 2006. Förderungsrichtlinien. Stand 21. Februar 2006. Wien: FWF. Verfügbar in: http://www.fwf.ac.at/de/downloads/pdf/fwf_foerde rungsrichtlinien.pdf [Abfrage am 19. Februar 2008].

Harris, R., 2001. The Plagiarism Handbook. Los Angeles: Pyrczak Publishing.

Haug, S., 2004. Wissenschaftstheoretische Problembereiche empirischer Wirtschafts- und Sozialforschung. Induktive Forschungslogik, naiver Realismus, Instrumentalismus, Relativismus. In: Frank, U., Hrsg. Wissenschaftstheorie in Ökonomie und Wirtschaftsinformatik. Theoriebildung und -bewertung, Ontologien, Wissensmanagement. Wiesbaden: DUV, 85-107.

Hochadel, O., 1999. Die Retter der weißen Weste. Der Falter – Heureka 4/99. Verfügbar in: http://www.falter.at/web/heureka/archiv/99_4/03.php [Abfrage am 11. Januar 2012].

Hoffmann, V., s. a. Hinweise zur Gestaltung und Bewertung von wissenschaftlichen Postern. Verfügbar in: http://www.wissenschaftstagung.de/de/programm/poster anleitung.pdf [Abfrage am 25. Februar 2008].

Honoré, L., 1999. Die Ökonomie – Eine Wissenschaft? Bergisch Gladbach: BLT.

Hülshoff, F. und Kaldewey, R., 1993. Mit Erfolg studieren. Studienorganisation und Arbeitstechniken. 3. Aufl. München: CH Beck.

Karmasin, M. und Ribing, R., 2007. Die Gestaltung wissenschaftlicher Arbeiten. 2. Aufl. Wien: WUV.

Kern, M., 1979. Kritischer Rationalismus und Wirtschaftswissenschaften. In: Raffée, H und Abel, B., Hrsg. Wissenschaftstheoretische Grundfragen der Wirtschaftswissenschaften. München: Verlag Vahlen, 11 - 27.

Kondakow, N., 1983. Wörterbuch der Logik. 2. Aufl. Leipzig: Bibliographisches Institut.

Körner, S., 1980. Wissenschaft. In: Speck, J., Hrsg. Handbuch wissenschaftstheoretischer Begriffe. Bd. 3. Göttingen: Vandenhoeck und Ruprecht, 726-737.

Kornmeier, M., 2007. Wissenschaftstheorie und wissenschaftliches Arbeiten – Eine Einführung für Wirtschaftswissenschaftler. Heidelberg: Physica-Verlag.

Kornmeier, M., 2008. Wissenschaftlich schreiben leicht gemacht. Für Bachelor, Master und Dissertation. Bern: Haupt.

Krämer, W., 1998. So lügt man mit Statistik. 8. Aufl. Frankfurt: Campus-Verlag.

Leong, F. und Pfaltzgraff R., 1996. Finding a Research Topic. In: Leong, F. und Austin J., Hrsg. The Psychology Research Handbook: A Guide for Graduate Students and Research Assistants. Thousand Oaks: Sage Publications, Inc., 3-16.

Leser, H., Hrsg. 1997. Wörterbuch Allgemeine Geographie. München: DTV.

Liessmann, K. P., 2006. Theorie der Unbildung. Wien: Paul Zsolnay Verlag.

Mayr, G., 2005. Poster – erstellen und präsentieren. Verfügbar in: http://imgi.uibk.ac.at/mmetgroup/MMet_imgi/tools/presentation/Poster_ErstellenPraesentieren.html [Abfrage am 11. Januar 2012].

Mohr, P., 2005. Erfolgreich vortragen und präsentieren: schriftlich und mündlich; bei Meetings, Tagungen, Geschäftsterminen. München: Heyne.

Müller-Merbach, H., 1976. Einführung in die Betriebswirtschaftslehre. 2. Aufl. München: Verlag Franz Vahlen.

O'Connor, M., 1991. Writing Successfully in Science. London: Chapman & Hall.

Oesterle, M.-J., 2003. Grundlagen wissenschaftlichen Arbeitens. Universität Bremen. Verfügbar in: http://www.intman.uni-bremen.de/Grundlagen_des_wissenschaft lichen_Arbeitens.pdf [Abfrage am 10. März 2005].

ÖRK (Österreichische Rektorenkonferenz), 2001. Richtlinien der Österreichischen Rektorenkonferenz zur Sicherung einer guten wissenschaftlichen Praxis. Wien: ÖRK. Verfügbar in: http://research.usenet.at/education/gwa/REKTORENKON FERENZ-RICHTLINIEN.pdf [Abfrage am 4. Februar 2008].

Pidde, A., 2000. Rund ums Web. Version 1.0. Universität Koblenz. Verfügbar in: http://www.uni-koblenz.de/~pidde/lupe/domain.html [Abfrage am 24. Januar 2007].

Plank, U. und Ziche, J., 1979. Land- und Agrarsoziologie. Eine Einführung in die Soziologie des ländlichen Siedlungsraumes und des Agrarbereichs. Stuttgart: Verlag Eugen Ulmer.

Plöger, W., 2003. Grundkurs Wissenschaftstheorie für Pädagogen. Paderborn: Wilhelm Fink Verlag.

Popper, K., 1972. Naturgesetze und theoretische Systeme. In: Albert, H., Hrsg. Theorie und Realität. Tübingen: J.C.B. Mohr (Paul Siebeck), 43-58.

Popper, K., 1982. Logik der Forschung. 7. Aufl. Tübingen: J.C.B. Mohr (Paul Siebeck).

Preussner, A., 2010. Rationalismus. utb-Online-Wörterbuch Philosophie. Verfügbar in: http://www.philosophie-woerterbuch.de [Abfrage am 17. Februar 2017].

Raffée, H., 1974. Grundprobleme der Betriebwirtschaftslehre. Betriebswirtschaftslehre im Grundstudium der Wirtschaftswissenschaft, Bd. 1. Göttingen: Vangenhoeck und Ruprecht.

Rost, F., 2003. Wissenschaftliche Texte lesen und verstehen. In: Franck, N. und Stary J., Hrsg. Die Technik des wissenschaftlichen Arbeitens. 11. Aufl. Paderborn: Schöningh, 75-96.

Rückriem, G.; Stary, J., und Franck, N., 1992. Die Technik wissenschaftlichen Arbeitens. Eine praktische Anleitung. 7. Aufl. Paderborn: Schöningh Verlag.

Ruß, H. G., 2004. Wissenschaftstehorie, Erkenntnistheorie und die Suche nach Wahrheit: Eine Einführung. Stuttgart: Kohlhammer.

Schülein, J. A. und Reitze, S., 2005. Wissenschaftstheorie für Einsteiger. 2. Aufl. Wien: WUV.

Seiffert, H., 1983. Einführung in die Wissenschaftstheorie. Bd. 1., 10. Aufl. München: Beck.

Stangl, W., 2003. Der/Das Poster. Verfügbar in: http://arbeitsblaetter.stangl-taller.at/PRAESENTATION/poster.shtml [Abfrage am 25. Februar 2008].

Stangl, W., 2017. Skeptizismus. Online-Enzyklopädie für Psychologie und Pädagogik. Verfügbar in: http://lexikon.stangl.eu [Abfrage am 17. Februar 2017].

Stary, J., 2003. Referate unterstützen: Visualisieren, Medien einsetzen. In: Franck, N. und Stary, J., Hrsg. Die Technik des wissenschaftlichen Arbeitens. 11. Aufl. Paderborn: Schöningh, 255-272.

Stickel-Wolf, C. und Wolf, J., 2002.Wissenschaftliches Arbeiten und Lerntechniken. 2. Aufl. Wiesbaden: Gabler.

Ströker, E., 1987. Einführung in die Wissenschaftstheorie. 3. Aufl. Darmstadt: Wissenschaftliche Buchgesellschaft Darmstadt.

Tesak, G., 2010. Empirismus. utb-Online-Wörterbuch Philosophie. Verfügbar in: http://www.philosophie-woerterbuch.de [Abfrage am 17. Februar 2017].

Theimer, W., 1985. Was ist Wissenschaft? Praktische Wissenschaftslehre. Tübingen: Francke.

Theisen, M. R., 1995. ABC des wissenschaftlichen Arbeitens. Erfolgreich in Schule, Studium und Beruf. 2. Aufl. München: Beck/dtv.

Theisen, M. R., 2000. Wissenschaftliches Arbeiten. Technik - Methodik - Form. 10. Aufl. München: Vahlen.

TUM (Technische Universität München, Universitätsbibliothek), Hrsg, 2016. Literaturverwaltungsprogramme im Vergleich. Verfügbar in: https://www.ub.tum.de/literaturverwaltung [Abfrage am 22. Februar 2017].

Universität für Bodenkultur, 2004. Richtlinien zur Sicherung der guten wissenschaftlichen Praxis an der Universität für Bodenkultur Wien. Stand vom 28. Jänner 2004. Wien. Mitteilungsblatt.

Vierecke, A., 2007. Konstruktivismus (Philosophie). Microsoft Encarta online Enzyklopädie. Verfügbar in: http://de.encarta.msn.com/text_721543633___0/Konstruktivis mus_(Philosophie).html [Abgefragt am 18. Januar 2008].

Weingartner, P. und Dörn, G., 1980. Wissenschaft – Einleitung. In: Speck, J., Hrsg. Handbuch wissenschaftstheoretischer Begriffe. Bd. 3. Göttingen: Vandenhoeck und Ruprecht, 757-761.

Werlen, B., 2002. Wissenschaft. In: Brunotte, E., Gebhardt, H., Meurer, M., Meusburger, P. und Nipper, V., Hrsg. Lexikon der Geographie. Bd. 4. Heidelberg: Spektrum, 47-48.

Westerhoff, N., 2006. Vermittlung psychologischer Fachthemen im medialen Kontext. Qualitative Evaluation eines Medientrainings für Psychologie-Experten. Dissertation. Freie Universität Berlin.

Wikipedia, 2007. Definition. Verfügbar in: http://de.wikipedia.org/wiki/Definition [Abfrage am 27. Februar.2007].

Wikipedia, 2009a. Rationalismus. Verfügbar in: http://de.wikipedia.org/wiki/Rationalis mus [Abfrage am 4. Februar 2009].

Wikipedia, 2009b. Skeptizimus. Verfügbar in: http://de.wikipedia.org/wiki/Skeptizis mus [Abfrage am 4. Februar 2009].

Wytrzens, H. K., 1999. Forschungserfordernisse für den Ländlichen Raum. In: Wytrzens, H.K. Hrsg. Funktionsfähigkeit des Ländlichen Raumes. Kiel: Wissenschaftsverlag Vauk, 115 – 127.

Wytrzens, H. K., 2007. Orientierungen an und in der Agrarökonomie. In: Pöchtrager, S., Hrsg. Jahrbuch der Österreichischen Gesellschaft für Agrarökonomie, Bd. 16. Wien: Facultas Verlag, 1-16.

Zelazny, G., 1986. Wie aus Zahlen Bilder werden. Wirtschaftsdaten überzeugend präsentiert. Wiesbaden: Gabler.